AF453930

ESSAYS MORAVX,
DV
TRES-HONO-
RABLE SEIGNEVR

F. RANCOIS BACON

CHEVALIER,
Baron de *Verulam*, & grand
CHANCELIER
d'Angleterre.

Traduits en François par le
Sieur ARTHVR GORGES
Chevalier Anglois.

Scutum inuincibile Fides.

A LONDRES,
Chez IEAN BILL,
1619.

A Tref-haut, tref-il-
luftre, & tres Magnanime
Prince, Frederic, Duc
de *Bauiere*, *Conte* Palatin
du Rhein, & Electeur
de l'Empire.

Vous ne fçau-
riez trouuer e-
ftrange, que l'
honneur & af-
fection de noftre Nation,
doiue tant encliner, au
feruice de voftre Alteffe:
à qui nous auons fi heu-

 reufe-

reufement , & ioyeufe-
ment eflargi , vn des plus
beaux & plus precieux
ioyaux de noftre royaume.
Et voyant auffi, que par
la grande faueur de DIEV,
& vos vertus Heroiques,
cette branche Royale dé la
grande Bretagne , ait efté
fi tendrement conferuee,
& fi fructuefement aug-
mentee : il ne peut eftre,
qu'elle ne multiplie auffi
fes chers , & humbles re-
fpects , en tous coeurs hon-
neftes, enuers voftre Grandeur. Entre lefquels com-
bien que ie foye vn des
moindres , & de peu de
merite,

merite ; si est ce que quand au zele, & deuoir ne cedant à personne, iay pris la hardisse, en tesmoignage de mon vouloir respectueux, de presenter, à vostre Altesse ce liure : qui pour ses discours excellens, & moralités prudentes, peut estre dignement leu, & medité des plus Grands, & Magnanimes Princes du Monde: comme procedant de l'sprit graue, d'vn sage, & docte Seneque de nostre temps. Auquel ie m'asseure, qu'en vostre haut iugemét, vous aduouerez d'autant plus mon opinion, que plus
A 4   vous

vous le lirez & contemple-
rez. Quant au reste, vous
suppliant Móseigneur, aussi
gratieusement accepter ces
miens desseins deuotieux,
comme serieusement ils
taschent, de m'approuuer.

De Vostre Altesse,

*Le tres-humble & tres-affe-
ctionné Seruiteur*

ARTHVR GORGES.

La Table.

La Table.

L'FIN.

Essays Moraux.

I.

DE RELIGION.

ES debats & dis-
sensions touchant
Religion , estoy-
ent aux Payens
maux incognus :
Et cela sans mer-
ueille : Car c'est le
vray Dieu qui est le Dieu Ialoux ;
Et les dieux des payens, bons compagnions. Mais les liens pourtant de
l'unité Religieuse , doiuent estre en
telle mesure corroborés , que ceux
de la societé humaine ne soyent ab-
solument desliés ou corrompus. Le
Poete *Lucrece* regardât le faict *d'Aga-
mẽnon*, endurât & assistât au sacrifice
de sa fille, fait conclusion par ce vers.

B   *Tar*

*Tantùm Religio potuit suadere ma-
lorum?*

Mais qu'eut il fait, s'il eut cognu le
massacre de France, ou la trahison
poudreuse d'Angleterre? Certainement il eut esté sept fois plus Epicure & Atheiste qu'il n'estoit au pa-
rauant, ou bien eut choisi d'estre
plustost vn des Insensés de Munster,
que d'auoir esté participant à ces
conseils pernicieux. Car il vaudroit
mieux que la Religion effaceat l'entendement des hommes que leur pieté & charité, retenant la raison seulement, comme engin & chassauant
de cruanté & malice. C'estoit vn-
blaspheme odieux quand Satan di-
soi, Ie monteray & seray semblable
au treshaut : mais le blaspheme est
bien plus detestable, s'ils font dire à
Dieu, Ie descendray & seray semblable au Prince des tenebres : Ce qui
est de mesme quand ils font descen-
dre la cause de Religion, aux actions execrables des meurtres des
Princes, boucherie du commun &
inflammation des Republiques. Il
n'y a

n'y a auffy peché fi grand contre
la perfonne du S^t. Efprit (fi on le
prend au pied de la lettre) qu'au lieu
d'une douce colombe, le faire def-
cendre en la figure d'un vaultour, ou
d'un corbeau ; Ny auffi fi grand
fcandale à leur Eglife, que de def-
ployer dans la nacelle de S^t. Pierre,
l'enfeigne de ces Pirates & Affaf-
fins. Ceft pourquoy (puis que ces
chofes font les communs ennemis
de la focieté humaine) les Princes
par leur authorité, les Eglifes par
leur conftitutions, & toute difcipline Chreftiennement morale, de
quelque fecte ou opinion que ce
foit, fe doiuent par leur Caduce de
Mercure ioindre enfemble pour
condamner eternellement aux en-
fers auffy bien les crimes comme les
criminels, & en tous confeils concernants Religion prefiger ce confeil de l'Apoftre ; *Ira hominis non im-*
plet iuftitiam Dei.

B 2   II. DE

II.

DE LA MORT.

LES hommes ont crainte de la Mort, de mesme que les petis enfans, qui n'osent aller parmi les tenebres ; Et comme ceste peur naturelle aux enfans, s'augmente de plus en plus par les fables ; aussi fait l'autre aux hommes de mesme façon. Certainement la crainte de la Mort en la contemplation de sa cause, est Religieuse : Mais ceste crainte, consideree en soy mesme sans autre esgard, est infirme & puerile. Tu liras dans quelque liure de ces Freres touchant la mortification, que quelqu'un deuroit penser en soy mesme, quelle douleur il auroit reçeu, si seulement on luy auoit tord, ou serré l'extremité du doigt, & par cela imaginer quelles sont les peines de la Mort, quand le corps est entierement dissocié & corrompu ; combien que le plus souuent, la Mort passe auec moindre peine, que ne fait

pas

pas la torture de quelque petit mem-
bre. Car les parties les plus vitales
ne sont pas les plus vistes & plus
promptes du sentiment. Et pour
parler en Philosophe ou Naturali-
ste, c'estoit fort bien dit ; *Pompa mor-*
tis magis terret, quam mors ipsa. Ce
sont les sanglots, les conuulsions, le
visage blaime & deffiguré, les larmes
& souspirs des Amis, les habits de
dueil, & choses semblables qui rendent la face de la Mort espouuanta-
ble. Cest vne chose digne d'estre
bien obseruee, qu'il n'y a aucune
passion en l'entendement humain
quelque fable qu'elle soit, qui ne
maistrise la crainte de la Mort ; Et
pourtant la Mort n'est pas vn si fort
ennemi, veu que l'homme est enui-
ronné de tant de suiuans, qui peuuent emporter la victoire sur elle.
Reuenche triomphe sur la Mort, A-
mour ne fait cas d'elle, Honneur y
aspire, exemption d'ignominie l'embrasse, Douleur & chagrin la pour-
suiuent, & crainte la preoccupe :
Mesmes nous lisons qu' *Otho* apres

B 3   s'estre

s'estre tué soy mesme ; la pitié (qui est la plus tendre de toutes les affections) en incita plusieurs a mourir : *Seneque* parlant de la delicatesse ; *Cogita quam diu eadem feceris ; Mori velle non tantum fortis, aut miser, sed etiam fastidiosus potest.* C'est vne chose non moins remarquable, cóbien peu de changement font les approches de la Mort, aux esprits genereux, & qui se monstrent tousiours tels iusques à la fin. *Auguste Cæsar* mourut en ceremonie de compliments, *Tibere* en dissimulation, *Vespasian* en gaucerie, *Calba* en pronontiation d'une sentence, *Septime Seuere* en despeche d'affaires ; & autres semblables. Certainement les Stoiques ont fait trop de despens sur la Mort, & par leur grandes preparations, en ont rendu l'apparence plus terrible. Beaucoup mieux dit celuy ; *Qui finem vitæ extremũ inter munera ponat naturæ.* C'est vne chose aussi naturelle de mourir que de naistre, & parauenture à vn petit enfant l'un & l'autre est egalement penible.

III. DE

III.
De Bonte, Et Bonte De Nature.

IE prend bonté en ce sens icy, pour affectation du bien des hommes, Ce que les Grecqs appellent Philanthropia : Car ce mot d'humanité (comme nous nous en seruons) a trop peu de force pour l'exprimer. I'appelle bonté, l'habitude ; & bonté de nature, l'inclination. De toutes les vertus celle cy est la plus souueraine : estant pour certain le Charactere de la Diuinité, & sans laquelle vn homme n'est qu'vne chose turbulente, pernicieuse, & miserable, & de non plus de compte qu'vne espece de vermine. Bonté est correspondante à la vertu Theologicale, que l'on nomme Charité, & n'endure point l'exces, mais bien l'erreur. Cest vn prouerbe peu louable entre les Italiens, *Tanto buona che non val niente,* si bon qu'il ne vaut rien. Aussy l'vn des Docteurs Italiens, nommé *N*

colas Machiauel, a bien eu l'asseurance de coucher par escrit, presque
en plains termes ; Que la foy
Chreſtienne a donné en proye les
gens de bien, à ceux qui ſont ty-
ranniques & iniuſtes. Ce qu'il dit à
cauſequ' il n'y a iamais eu loy, ſecte,
ou opinion quelconque, qui ait
tant attribué de louange à Bonté,
que la Religion Chreſtienne. Pour
euiter donc tant le ſcandalle que le
danger, il eſt fort neceſſaire de
bien s'informer des erreurs d'vne
habitude ſi excellente. Cerchez
le bien des autres, mais ne vous
laiſſez captiuer à leurs fronts, ny à
leurs fantaiſies : Car cela ne procede que de facilité & molleſſe ; qui
enchaine bien toſt vn eſprit vertueux. Et ne donnez auſſy au coq
d'*Eſope* vne pierre precieuſe, qui
ſe tiendra plus content & plus
heureux, d'auoir rencontré vn grain
d'orge : L'exemple de dieu nous
enſeigne veritablement ceſte leçon:
il enuoye la pluye, & fait reſplendir
ſon ſoleil ſur le iuſte, & l'iniuſte, mais

pour-

pourtant, il ne fait pas pleuuoir ſes richeſſes, ny reſplendir l'honneur & vertu, ſur tous hommes egalement. Les bienfaits communs doiuent eſtre communiqués à tous ; mais les particuliers doiuent eſtre reſerués par election : Et aduiſez comment en tirant le pourtraict, vous rompez le patron : Car ſelon la Theologie l'amour de nous meſme eſt le patron, & l'amour de nos voyſins ſeulement la pourtraiture. Vend tout ce que tu as es le donne aux pauures & puis ſuy moy ; mais ne vend pas tout, ſi tu ne veux venir & me ſuiure ; Ceſt a dire ſi tu n'as vne vocation, en laquelle tu peux autant faire de bien auec peu de moyens, comme auec beaucoup : Car autrement en nourriſſant les ruiſſeaux, tu taris la fontaine. Il n'y a pas ſeulement vne habitude de bonté, dirigee par droite raiſon : mais il y a meſmement au naturel d'aucuns, vne inclination à icelle : Comme d'autre coſté, vne malignité naturelle :

 Car

Car il y en a d'aucuns qui en leur
naturel ne desirent iamais le bien
des autres : La plus legere sorte de
malignité, se tourne seulement en
contradiction, proteruité, contu-
mace, difficulté, ou autres semblables : mais l'autre sorte plus cachee,
se tourne en enuie, & pur malefice.
Il y a beaucoup de Mysanthropes,
qui font exercice de conduire les
hommes au gibet ; Et toutes fois
n'ont aucun arbre en leur iardin
pour ce suiet, comme auoit Timon.
Telles dispositions sont les vrais erreurs de la nature humaine : Et
toutefois sont la matiere la plus
conueniente pour en composer les
grands Politiques : De mesme que
le bois courbé, qui est propre
pour la construction des nauires,
qui sont destinés a flotter d'vn costé
& d'autre, mais non pas pour le
bastiment des maisons, qui doiuent
demeurer fermes & stables.

IV.

IV.

DE FINESSE.

NOus prenons fineſſe pour vne peruerſe & ſiniſtre ſageſſe : Et certainement il y a grande difference entre vn homme fin, & vn homme ſage : non ſeulement en ce qui regarde l'honneſteté, mais l'habilité meſme. Il y en a qui ſçauent bien meſler les Cartes, & toutefois ſont ignorans au ieu. Ainſy il y en a aucuns, propres & diſpoſés aux Practiques, & factions, qui autrement ne ſont que lourdauts, & pauures d'eſprit. Derechef c'eſt autre choſe d'entendre les perſonnes, & autre choſe d'entendre les matieres : Car pluſieurs ſont parfaits touchant les humeurs des hommes, qui cependant ne ſont pas reellement capables d'affaires : Telle eſt la conſtitution de celuy qui aura plus eſtudié d'hommes, que de liures. Telles gens ſont plus propres

pres pour Practique, que pour confeil, & ne font bons qu'en leur
promenoir mefme : Mettez leur
quelque nouuel homme en tefte,
vous les verrez auffy toft auoir per-
du leur vifee : tellement que cefte
ancienne reigle, pour cognoiftre vn
fol d'auec vn fage (*Mitte ambos
nudos ad ignotos & videbis*) tient à
peine pour eux. Mefme en matiere
d'affaire, il y en a d'aucuns qui en
cognoiffent les refforts, & iffues, &
cependant ne les fçauroyent ap-
profondir : Semblables à vne maifon accommodee de paffages, &
degres, mais defpourueue entierement de quelque belle chambre.
Vous les verrez auffy trouuer quelques euafions mignardes en la
conclufion, mais du tout incapa-
bles de debattre, & examiner la matiere : Et toutefois ordinairement
ils prennent aduantage de leur in-
habilité, & affectent d'eftre reputés l'efprit, & la fubtilité mefme
en toute direction. Aucuns fon-
dent pluftoft leurs deffeins, fur les

trom-

tromperies qu' ils dreſſent aux autres (& comme nous diſons maintenant, en leur donnant le croq en
iambe) que ſur la ſolidité de leurs
actions. Mais (comme dit *Salomon) Prudens aduertit ad greſſus ſuos.
ſtultus diuertit ad dolos.* Il y a pluſieurs differences entre fineſſe &
ſageſſe & ce ſeroit choſe de merite,
de les eſclaircir : Car il n'y a rien
qui endommage plus vne Republique, que quand les perſonnes ru-
ſées paſſent pour ſages.

V.

DE MARIAGE ET CELIBAT.

CEluy qui a femme & enfans,
a donné hoſtages à fortune:
Car ils ſont empeſchemens aux
grandes entrepriſes, ſoit vertueuſes,
ſoit vicieuſes.

Certainement les exploits les
plus inſignes, & de plus de merite
pour le publiq ont tiré leur ori-
gine des hommes Celebes, & ſans

enfans,

enfans, qui ont cerché l'eternité en
la memoire, & non en la posterité :
Et lesquels, ensemble en affection, & pouuoir, ont espousé & en-
douairé le public. Touftefois il
y en a daucuns, menans vne vie
celebe, desquels les pensees finissent
auec eux mesmes, & qui mettent le
temps a venir au nombre des choses impertinentes. Mesmes y en a
quelques autres, qui font cas de
femmes & enfans comme de bil-
lets de comptes. Mais la plus ordinaire cause de la vie celebe, est la
liberté ; Et specialement en ceux
qui sont trop addonnés, a cōplaire
a leur propres humeurs, & sont si
sensibles à toute restriction, qu'ils
sont sur le poinct de penser, que
leurs ceintures & iarretieres leur
soyent liens & manottes. Les personnes celibes sont les meilleurs
amis, les meilleurs maistres, & aussi les meilleurs seruiteurs ; mais
non pas toufiours les meilleurs
suiects. Car ils ont le pied leger
pour partir sans dire adieu, & presque

que tous fugitifs sont de ceste condition ; Le Celibat est propre pour les hommes d'eglise : Car charité arrouse difficilement la terre, où il faut emplir vn estang. Cest chose indifferente pour Iuges, & Magistrats : Car s'ils sont faciles, & corrompus, vous aurez vn seruiteur cinq fois pire qu'une femme. Quant aux soldats, ie trouue que les Generaux ordinairement en leur exhortations, les animent en leur reuoquant en memoire leurs femmes, & enfans: Et ie pense que le mespris du mariage, parmy les Turcs, rend le vulgaire soldat plus abiect. Certainement femmes & enfans sont vne espece de discipline d'humanité: Et les personnes celebes sont plus cruelles, & de coeur plus endurcy; propres pour faire seueres & rudes inquisitions. Ceux qui sont de nature graue conduits par bonnes coustumes, & par consequent constans, sont ordinairement maris affectionnés : Et comme l'on disoit

diſoit d'*Vlyſſe* ; *Vetulam prætulit immortalitati* . Femmes chaſtes ſont ſouuent orgueilleuſes, peruerſes, & preſumantes ſur le merite de leur chaſteté. Ceſt vn des meilleurs liens tant de chaſteté que d'obeïſſance en la femme; ſi elle preſume ſon mary ſage; ce qu'elle ne fera, ſi elle le trouue ialoux. Les femmes ſont maitreſſes des ieunes hommes ; compagnes pour le milieu de l'aage, & nourrices des vieux : tellement qu'vn homme peut auoir querelle pour ſe marier, quand il luy plaira : mais toutefois celuy la eſtoit reputé vn des ſages, qui a ceſte queſtion, (*Quand vn homme ſe doit marier?*) fit ceſte reſponce ; vn ieune homme non pas encores, & vn plus aagé, iamais.

VI.

VI.

DE PARENS ET ENFANS.

LES ioyes de Parens sont secrettes, comme aussy sont leurs
douleurs & craintes : Ils ne sçauroyent exprimer l'un, & ne veulent
declarer l'autre. Enfans adoucissent le trauail mais ils rendent les
infortunes plus ameres : ils aug-
mentent les soucis de la vie, mais ils
adoucissent le resouuenir de la mort.
La perpetuité par generation, est
commune aux bestes ; mais la memoire, le merite & exploits heroiques sont propres aux hommes. Les
premiers fondateurs d'une maison,
sont fort indulgens enuers leurs enfans, les contemplans comme la
continuation non seulement de leur
espece, mais aussy de leurs exploicts;
& par ce moyen aussy bien enfans,
que creatures. La difference d'affection des parens enuers leurs enfans
particuliers, est souuentefois inegal-
le, & quelque fois indigne; specialement en la mere, comme dit *Salomon:*

mon : *L'enfant sage apporte de la ioye au Pere, & le sot de la honte à la Mere.* Vous verrez en vne maison pleine d'enfans, vn ou deux des plus aagés estre respectés, les plus ieunes mignards, & ceux du milieu tenus comme pour oubliés ; lesquels nonobstant à l'espreuue surmontent les autres. La chicheté des Peres en ce qui est de la fourniture, & entretenement de leurs Enfans, est vn erreur trespernicieux, qui les rend abiects, leur apprend traits de piperie, leur fait entretenir les basses compagnies, & les rend prodigues, quand ils viennent a auoir abondance : Et pourtant l'espreuue est meilleure, quand les homes retiennent leur authorité enuers leurs enfans ; mais non pas leur bourses. Les hommes ont vne sotte coustume tant les Parents, & precepteurs, comme les seruiteurs, en entretenans & nourrissans vne emulation entre freres durant leur enfance, qui souuentefois engendre dissension quand ils paruiennent en aage viril,

& em-

& empefche fort la concorde des
familles. Les *Italiens* font peu de
difference, entre Enfans, Nepueux,
ou proches parens : Et pourueu
qu'ils foyent fortis du mefme tronc
cela fuffit : combien qu'ils ne foyent pas deriués de leurs reins : Et
pour dire la verité, en cas de nature
c'eft quafi mefme chofe, tellement
que nous voyons aucunefois vn Ne-
pueu, reffembler à fon Oncle, ou
Coufin, plus qu'à fon propre Pere,
comme par cas fortuit il aduient
au fang.

VII.

DE NOBLESSE.

CEST vne chofe venerable de
contempler quelque chafteau
antique, ou quelque baftiment entier, & fans aucune ruine : ou bien
de voir quelque bel arbre, folide, &
parfait : Mais combien plus de confiderer vne noble & ancienne famil-
le, qui a long temps fait refiftance

aux

aux vagues & orages du temps : Car
la nouuelle noblesse n'est qu'un effect du pouuoir, mais l'ancienne,
l'effect du temps. Les premiers fondateurs des fortunes, sont ordinairement plus vertueux, mais moins
innocents que leurs successeurs :
Car l'on est rarement & difficilement aduancé, si ce n'est par la com-
mistion de bonnes & mauuaises in-
uentions : Mais la raison requiert,
que la memoire de leur vertus, demeure a leur posterité, & que leurs
faultes soyent ensepuelies auec eux
mesmes. Noblesse de naissance diminue l'industrie, & celuy qui n'est
point industrieux, porte enuie à celuy qui l'est, En apres, les personnes nobles ne peuuent monter plus
haut; & celuy qui demeure en son
premier estat, (quand les autres
s'auancent) se peut difficilement
exempter des esmotions d'enuie. Au
contraire, la noblesse esteint l'enuie
passiue, des autres enuers eux : par
ce qu'elle est en possession d'honneur; Et l'enuie est, comme les ray-

ons

ons du Soleil ,qui frappent plus sur
vne terre ; qui s'esleue, que sur vne
plaine vallee: Vne puissante noblesse
augmente fort la maiesté d'un Mo-
narque, mais diminue de son pouuoir : Elle donne coeur & courage
à la populace, mais deprime & abbaisse leur fortunes. Cest chose fort
conuenable quand les nobles ne
sont point trop grands pour souueraineté ou iustice, mais tousiours
maintenus en telle haulteur, que les
insolences des inferieurs puissent e-
stre par eux rabatues & reprimees,
deuant qu'ils s'auancent trop ha-
stiuement, sur la maiesté des Roys.
Certainement les Roys qui ont des
hommes habilles entre leur Noblef-
se, trouueront grande commodité
en leur employement, & meilleur
passage en leurs affaires : Car le
peuple est naturellement enclin a
leur obeir,comme estans en quelque
façon nais a commander.

VIII. DE

VIII.

DE GRANDES PLACES.

CEux qui possedent grandes places sont en trois façons seruiteurs (cest a dire) seruiteurs du Souuerain ou de l'estat, seruiteurs de
renommee, & seruiteurs d'affaires.
Tellement qu'ils n'ont liberté aucune, ny en leurs personnes, ny en
leurs actions, ny en leur temps. Cest
vn desir estrange, de chercher authorité, & perdre liberté ; ou bien de
cercher quelque pouuoir sur autruy,
& se priuer du pouuoir que l'on a
sur soy mesme. La promotion es places est labourieuse quãd par peines,
les hommes paruiennẽt à plus grandes peines, & quelquefois est vile &
basse quand par indignité ils paruiennent à dignité : La demeure en
est glissante, & la retraitte est ou
bien vne cheute ou finalement vne
Eclipse, ce qui à la verité est vne
chose melancholique. Mais non ;
Les hommes ne peuuent pas s'en retirer quand ils voudroyent, & ne le
                              veulent

veulent faire quand il feroit raifon-
nable : mais font impatiens d'vne
vie priuee , tant en aage comme en
maladie, lefquelles chofes ne de-
mandent que l'ombrage . Certainement les grands perfonnages
ont befoin d'emprunter l'opinion
des autres, pour s'eftimer heureux:
Car s'ils fen rapportent à leur fen-
timent mefme, ils ne le fçauroyent
trouuer: mais s'ils confiderent en
eux, quelle eft l'opinion des autres,
& qu'iceux defireroyent eftre
comme ils font , alors ils font heureux comme par rapport ; quand
paraduenture ils trouuent le contraire dedans eux : Car ils font les
premiers a trouuer leurs propres
douleurs , combien qu'ils foyent
les derniers a defcouurir leurs propres fautes . Certainement ceux
qui font efleués aux grandes fortunes, font eftrangers à eux mefmes:
Et cependant qu'ils font en la
meflee des affaires, le temps ne leur
permet d'auoir efgard à la fanté ny
de leur corps, ny de leur efprit.

Illi mors grauis incubat,
Qui notus nimis omnibus,
Ignotus moritur sibi.

En grande place il y a licence de faire bien & mal, desquels le dernier est vne malediction : Car en ce qui est du mal, la meilleure condition est ne le vouloir point, la seconde de ne le pouuoir : mais la puissance de faire bien est la vraye & legitime fin pour cercher aduancement : Car les bonnes conceptions (encores que Dieu les accepte) ne valent gueres mieux toutefois (enuers les hommes) que bons songes, si elles ne sont mises en prattique , ce qui ne se peut faire sans place & authorite , qui soit comme terre commandante & aduantageuse. Merite est la fin de la motion humaine, & conscience du merite est l'accomplissement du repos de l'homme : Car si vn homme peut en aucune mesure participer au *theatre de Dieu*, Celuy la semblablement participera à son repos. *Et conuersus Deus vt aspi-*

ceret

ceret opera quæ fecerunt manus suæ vi-
dit quod omnia essent bona nimis : &
lors fut le Sabbath. En la descharge
de ta place, mets toy deuant les yeux
les meilleurs exemples (car l'imita-
tion est le globe des preceptes.)
Quelque temps apres represente
toy ton propre exemple, & exami-
ne estroittement si tu ne faisoys pas
mieux au commencement : Refor-
me toy sans brauade ou scandale du
temps passé, n'y des personnes ;
mais encores abbaisse toy toy mesme tant pour faire naistre des bons
exemples que pour les suyure : Ra-
mene les choses à leur premiere in-
stitution, & obserue ou & comment elles ont degeneré : mais
toutefois demande conseil des deux
temps : Du temps passé, ce qui est
meilleur, & du suyuant ce qui est
le plus propre. Cerche de faire ta
course reguliere tellement que les
hommes puissent cognoistre para-
uant ce qu'il faut qu'ils esperent,
mais ne soy point trop positif, &
exprime toy bien toy mesme quand
C   tu te

tu te fouruoyes de ta reigle : Con-
tregarde les droits de ta place, mais
n'esmeu point questions de Iurisdi-
ction, & entreprend plustost de def-
fendre ton droict auec silence & de
facto, que de le sonner auec tiltres
& chalanges ; preserue semblablement les droits des places inferieures
& t'attribue plus d'honneur de commander en chef, que de t'entremesler au tout. Demande & embrasse
aides & intelligences concernantes
l'execution de ta place, & ne reiette
point comme curieux ceux qui t'apportent information mais accepte
les en bonne part. Il y a quatre
principaux vices d'authorité, Delays, Corruption, Rudesse, & Facilité. Quant aux delays, donne
libre & facil acces, garde le temps
appointé, paracheue les negotiati-
ons que tu as en main, & n'y entre-
mesle point d'autres affaires que
ceux qui font de besoin. Quant a
corruption lie toy non seulement
tes propres mains, ou celles de tes
seruiteurs qui peuuent receuoir ;
m ais

mais auſſi les mains de ceux qui pourróyent offrir : Car integrité practiquee fait l'un, mais l'integrité de laquelle on fait profeſſion auec vne manifeſte deteſtation de corruption, fait l'autre. Euite non ſeulement la faute mais auſſy le ſoupçon. Quiconque eſt trouué variable, & change manifeſtement ſans apparente cauſe, donne ſoupçon de corruption. Si quelque ſeruiteur ou fauorit¹, eſt ton intime, & ce ſans autre manifeſte merite, il eſt communement reputé comme vn chemin oblique. Quant à la rudeſſe, il n'eſt beſoin d'en vſer pour donner meſcontentement : Seuerité engendre crainte, mais Rudeſſe engendre la hayne : Meſmes les reprehenſions qui procedent d'authorité, doiuent eſtre graues non pas picquantes. Touchant ce qui eſt de facilité, elle eſt pire que la corruption meſme : Car les corruptions ne viennent que par fois, mais ſi l'importunité & reſpeẛ oyſifs conduiſent vn homme il n'en ſera

 iamais

iamais defpourueu comme dit *Salo-*
mon : *Il n'eft pas bon de refpecter les*
perfonnes : *Car vn tel homme tranf-*
greffera pour vn morceau de pain. Ce
qui eftoit anciennement dit (la place demonftre l'homme) eft tres veritable, & elle demonftre les vns à
leur aduantage, & les autres à leur
dommage. *Tacite* dit de *Galba* cecy
(*Omnium confenfu capax imperÿ, nifi*
imperaffet ;) mais de *Vefpafian* (*So-*
lus imperantium Vefpafianus mutatus
in melius :) Encore que l'un fut entendu de fuffifance, & l'autre de
moeurs & affection. Ceft vn figne
indubitable d'un efprit illuftre &
genereux, s'il eft corrigé par honneur. Car honneur eft ou deuroit
eftre la place de la vertu. Et comme
en la nature les chofes fe meuuent
violemment à leur lieu, & douce-
ment dans leur lieu : ainfi la vertu
en ambition eft violente, en authorité, douce & pofee.

IX. D'EM-

I X.

D'EMPIRE.

CE ſt vn eſtat miſerable d'eſprit d'auoir peu de choſes a deſirer, & beaucoup a craindre : & toutefois telle eſt communement la condition des Roys, qui eſtans paruenus au plus haut degré, manquent de matiere de deſir : Ce qui rend leur eſprits dautât plus languiſſants, & leur fait auoir pluſieurs repreſentations de perils, & ombrages, qui obſcurciſſent leur entendement : Et voicy vne raiſon de ceſt effect dont parle la Sainéte Eſcriture, *Que le coeur du Roy eſt inſcrutable* : Car la multitude de Ialouſies, & le manque de quelque deſir predominant, qui deuroit ranger & mettre en ordre tout le reſte, fait que le coeur d'un homme ſoit difficile a ſonder & deſcouurir. De la aduient ſemblablement que les Princes ſouuentefois ſe forgent en eux meſmes des deſirs, & mettent leur coeur à bagatelles, quelquefois

aux baſtiments, quelquefois à vn
edict, quelquefois à l'aduancement
de quelque perſonne, quelquefois
en obtenant excellence en quelque
art ou meſtier de main, & choſes
ſemblables, qui paroiſſent incroya-
bles à ceux qui ignorent ce principe;
Que l'eſprit de l'homme eſt plus con-
ſolé & rafreſchi, en profitant es choſes
menues, qu'en demeurant amuſé es
grandes. Ceſt pourquoy les grands
& fortunés Conqueſteurs en leurs
premieres annees deuiennent me-
lancholiques, & en leurs dernieres
ſuperſtitieux, comme fit *Alexandre*
le Grand, & de noſtre memoire
Charles le Quint, & pluſieurs autres:
Car celuy qui eſt touſiours accou-
ſtumé de proceder en auant, & rencontre vn obſtacle, decheoit de ſa
propre faueur. Vne vraye temperature de gouuernement eſt vne choſe
rare : Car la temperature & l'in-
temperature conſiſtent de contrari-
etés, mais c'eſt autre choſe d'entre-
meſler choſes contraires, autre choſe de les entr'eſchanger. La re-
ſponſe

sponse *d'Apollonius* à *Vespasian,* est
toute plaine d'instruction excellente.
Vespasian luy demandoit, *d'ou proce-*
doit la ruine de Neron ? il respondit,
Neron scauoit tresbien toucher, &
accorder la harpe ; mais quant au
gouuernement, il auoit quelquefois ac-
coustumé de trop hausser les cheuilles,
& quelquefois de les trop abbaisser :
Et certainement il n'y a chose aucune, qui efface tant l'authorité, que
l'inegal, & intempestif entrechange-
ment, a deprimer & relascher le
pouuoir. La police de ces derniers
temps, aux affaires des Princes, est
plustost en deliurances mignardes,
& euasions de dangers & meschefs,
quand ils approchent, que directions solides & asseurees pour les tenir eslognés : mais il faut que les
hommes prennent garde comme
ils negligent, & permettent que matiere de trouble soit preparee : Car
personne ne peut empescher l'estinc
elle ni dire d'ou elle peut venir. Les
difficultés des affaires des Princes
souuétefois sont grádes, mais la plus

 gran-

grande difficulté est souuent en leur propre esprit : Car comme dit *Tacite*, Cest vne coustume entre les Princes de vouloir choses contradictoires : *Sunt plerunque Regum voluntates vehementes, & inter se contraria :* Car c'est vn Solœcisme du pouuoir, de penser commander la fin, & cependant estre impatient du moyen. Les Princes resemblent aux corps celestes, qui causent les bonnes ou mauuaises saisons, & qui ont beaucoup de veneration, mais peu de repos. Tous preceptes concernants les Roys sont en effect compris en ces deux aduertissements ; *Memento quod es homo,* & *Memento quod es Deus,* ou, *Vice Dei:* L'un pour refrener leur pouuoir, & l'autre leur volonté.

X D e

X.

De Conseil.

LA plus grande fidelité entre les hommes, est la fidelité en donnant conseil ; Car aux autres confiances, les hommes commettent les parties de leur vie, de leurs terres, de leurs biens, de leurs enfans de leur credit , & quelquefois de lieurs affaires particulieres : Mais quant à eux qui font leurs Conseilliers, ils commettent le tout ; en quos ils font dautant plus obbligés à toute fidelité, & integrité. Les Princes les plus fages, ne doiuent penfer, que ce foit aucune diminution à leur Grandeur, ou derogation à leur fuffifance , de dependre fur conseil : Dieu mefme n'eft pas fans iceluy : Mais il a donne à fon fils benit ce grand nom.

Le Conseillier Salomon a prononcé, qu'en conseil il y a ftabilité,

lité. Les choses veulent auoir
leur premiere ou seconde agitati-
on; Si elles ne sont agitées sur les
arguments de conseil, elles seront
agitees sur les vagues de fortune;
& paroitront pleines d'Incon-
stance, faisant & desfaisant, semblable au chancellement d'vn Yu-
rogne. Le fils de *Salomon* trouue
la force du conseil , comme son
Pere en a veu la necessité : Car le
cher Royaume de Dieu estoit premierement rompu , & deschiré, par
mauuais conseil, sur quoy sont
posees pour nostre instruction , les
deux marques, par lesquelles vn
conseil chetif , est tousiours mieux
discerné , à sçauoir, vn ieune conseil pour les personnes , & vn
conseil violent pour la matiere. L'
Antiquité nous met en figure, l'
incorporation, & inseparable con-
ionction, du Conseil auec les Roys,
& la sage & Politique coustume
des Conseils par les Roys : l'vn en
ce qu'ils disent, que *Iupiter* espousa
Metis (qui signifie Conseil,) tellement

ment que Souueraineté, ou authorité eſt mariee au Conſeil: l'autre
en ce qui ſuit, qui eſt tel, Que *Iupiter* apres auoir eſpouſé *Metis*,
elle conceut d'Iceluy, & deuint
groſſe : Mais *Iupiter* ne voulant
attendre le temps quelle enfantaſt,
la deuora : tellement que luy
meſme en deuint gros, & enfanta
hors de ſa teſte *Pallas* toute armee.
Laquelle monſtreuſe fable, conti-
ent vn ſecret d'Empire : Ceſt à
dire, Comment les Roys ſe doiuent
ſeruir de leur Conſeil d'Eſtat.
Que au commencement, ils doiuent remettre les affaires ſur eux,
ce qui eſt la premiere generation,
ou impregnation : Mais quand
ils ſont façonnez, moulés, & in-
corporés dans la matrice de leur
Conſeil, & deuiennent meurs,
& pres a eſtre enfantés, Alors
qu'ils ne ſouffrent point, que leur
Conſeil procede plus auant, auec
la reſolution & direction, comme
ſi elle dependoit d'eux meſmes:
mais qu'ils reprennent les affaires

en

en leur main propre, & facent
paroiſtre au monde, que les de-
crets, & directions finales (leſ-
quelles à cauſe qu'eſtans miſes en
lumiere, accompagnees de pru-
dence & pouuoir, ont la reſſem-
blance de *Pallas* armee) que ces directions la di-ie, tirent leur ori-
gine d'eux meſmes : Et non pas
ſeulement de leur authorité, mais
(pour augmenter leur reputation)
de leur teſte & de leur inuention.
Les inconuenients qui ont eſté
remarqués, en l'eſlection &
prattique de conſeil, ſont trois.
Premierement la reuelation des affaires, par laquelle ils deuiennent
moins ſecrets. Secondement l'-
eneruation, & debilitation de l'-
authorité des Princes, comme s'ils
eſtoyent moins d'eux meſmes qu'-
ils ne ſont. Tiercement le danger qu'il y a, d'eſtre infidelle-
ment conſeillé, & plus à l'aduantage de ceux qui donnent conſeil,
que de celuy qui le reçoit. Pour
leſquels inconuenients la doctrine
d'Italie,

d'Italie, & la Practique de France,
a introduit conseils de Cabinet,
remede pire que la maladie. Mais
quant aux secrets, les Princes ne
sont pas obliges, de communi-
quer toutes affaires a tous Conseilliers, mais en peuuent extraire,
& seslire : Et aussy n'est pas neces-
saire, que celuy qui consulte ce
qu'il deuroit faire, doiue declarer,
ce qu'il est deliberé de faire. Mais
que les Princes se gardent, que le
descouurement de leurs affaires se-
secrettes, ne procede d'eux mesmes.
Et quant au conseil de Cabinet,
cette deuise luy pourroit estre appropriee, *Plenus rimarum sum.* Vne
personne futile, qui fait gloire de
publier vne chose, fera plus de
nuisance, que plusieurs qui cog-
noistront estre de leur deuoir de
la cacher. Quant à ce qui est de
debilitation d'authorité, la fable en
monstre le remede; Et n'y a iamais eu Prince priué de ses depen-
dances par son Conseil, sinon la
ou il y a eu ou trop de grandeur en
vn

vn , ou bien combination trop eſtroite en diuers . Touchant le dernier inconuenient , Que les hommes donneront conſeil, en tournant les yeux ſur leur profit particulier. Certainement, *Non inueniet fidem ſuper terram*, eſt entendu du naturel des ſaiſons,& non pas de toutes perſonnes particulieres. Il y en a qui ſont en leur naturel fideles,ſinceres,ſimples,poſés,nõ pas fraudulens , & diſſimulés. Ce ſont perſonnes de ce naturel , qu'il faut que les Princes attirent pres d'eux. Outre cela les Conſeils ne ſont pas ordinairement ſi bien ioincts & vnis, que l'vn ne face ſentinelle ſur l'autre : Mais le meilleur remede eſt, ſi les Princes cognoiſſent leurs Conſeilliers , auſſy bien que leurs Conſeilliers les cognoiſſent.

Principis eſt virtus maxima , noſſe ſuos.

Dautre coſté les Conſeilliers, ne doiuent point eſtre trop curieux, en la recerche de la perſonne de leur Souuerain. La vraye compoſition

sition d'vn Conseillier est, d'estre plustost entendu , en ce qui touche les affaires de ses Maistres, qu'en ce qui regarde son naturel : Car alors il est propre a luy donner aduis, & non a entretenir son humeur. C'est vne singuliere coustume aux Princes, s'ils prennent les opinions de leur Conseil, & separement, & conioinctement : Car l'opinion priuee est plus libre : mais celle qui se dit, en presence des autres, est plus respectiue : En priué les hommes sont plus hardis en leurs propres humeurs , Et en Compagnie plus suiets aux humeurs des autres. Cest pourquoy il est bon de les prendre tous deux, & de l'inferieure sorte plustost en priué, de preseruer liberté : Et de la superieure plustost en compagnie, de conseruer le respect. Cest en vain que les Princes prennent conseil , touchant les affaires, si semblablement ils ne le prennent touchant les Personnes: Car toutes affaires sont comme images mortes, & la vie de l'execution

tion des affaires, se repose au bon
choix des personnes. Ce n'est pas
assés de consulter touchant les personnes *Secundum genera*, Comme
en vne idee ou Mathematicale de-
scription, quelle sorte de porsonnes
ils deuroyent estre, mais *in indiui-
duo* : Car les plus grands erreurs,
Et le plus grand iugement sont
monstrés en l'eslection des indi-
uidus. Cela a esté veritablement
dit, *Optimi consiliarij mortui*. Les
liures parleront simplement, quand
les Conseilliers manqueront : Cest
pourquoy il est bon de les mediter,
& premierement les lieures de ceux
qui ont esté acteurs sur le the-
altre.

XI.

DE DEPESCHES.

LA depesche affectee est vne des
plus dangereuses choses es affaires, qui se puisse trouuer. Elle
resemble à ce que les Medecins
appel-

appellent predigeſtion , ou digeſtion trop haſtiue , laquelle pour certain remplit le corps de crudités &
ſemences ſecrettes de maladies:
Ceſt pourquoy ne meſure point
les depeſches par les temps de ſeſſion , mais par l'aduancement des
affaires. Ceſt le ſoin de quelques
vns , ſeulement de conclurre haſtiuement pour gaigner temps, ou de
contrefaire quelque fauſſe periode
d'affaire , pour eſtre reputés
hommes de depeſche : Mais c'eſt
autre choſe d'abbreger par contraction , autre choſe par deciſion:
Et les affaires ainſi maniés par
pieces, ſont ordinairement prolongés en l'entier. I'ay cognu vn
homme ſage, qui auoit couſtume
de dire(quand il voyoit vn homme
haſté à vne concluſion) *Arreſtez*
vnpeu, afin que nous puiſsions para-
cheuer pluſtoſt. D'autre coſtré vne
vraye depeſche , eſt vne choſe
riche : Car le temps eſt la meſure
des affaires , comme l'argent l'eſt
de la guerre. Et les affaires ſont

fort

fort cherement acheptés ou il y
en a peu de depefchés. Donne
bonne attention à ceux qui t'apportent la premiere information en affaires, & leur donne pluftoft in-
ftruction au commencement qu'
interruption en la continuation de
leurs difcours : Car celuy qui eft di-
uerti de fon propre chemin, marche-
ra en auant & en arriere,& fera plus
faftide es particularités, qu'il ne
pourroit auoir efté en l'entier :Et
aucunefois aduient, que le mode-
rateur eft plus facheux que les difpu-
tans. Iterations font communement perte de temps : Mais il n'y
a point de tel gain de temps, que
de repeter fouuent l'eftat de la
queftion : Car il repouffe beaucoup de paroles friuoles, alors
qu'elles font fur le point d'eftre
prononcees. Les longues & cu-
rieufes paroles font auffi propres,
pour vne depefche, qu'vn man-
teau ou longue robbe à ceux qui
s'efforcent, pour gagner la courfe
en courant Prefaces, paffages, ex-
cufes,

cuſes, & autres parolles qui ont relation à la perſonne, ſont grandes
conſomptions de temps : Et combien qu'elles ſemblent proceder de
la modeſtie, elles ne ſont pourtant
que braueries. Derechef donnez
vous garde d'eſtre trop materiel
quand il y a quelque empeſche-
ment, ou obſtruction en la volonté
des hommes : Car la preoccupa-
tion demande touſiours vne pre-
face, comme vne fomentation pour
faire penetrer l'onguent. Sur
toutes choſes ordre & diſtribution
eſt la vie de depeſches, moyennant
que la diſtribution ne ſoit par trop
ſubtile : Car celuy qui ne diſtingue pas, n'entrera iamais bien en
vne affaire, & celuy qui diſtingue
par trop, n'en fera iamais vne belle
retraitte. Choiſir le temps eſt
ſauuer le temps, & vne motion in-
tempeſtiue n'eſt qu'vn battement
d'air. Il y a trois parties d'affaires,
la preparation, le debat ou examination, & la perfectiõ, deſquelles ſi
vous attendez vne depeſche, faites
que

que l'examination foit l'oeuure de
pluſieurs , & la preparition & perfection l'oeuure de peu. Le pro-
gres ſur quelque choſe qui eſt cou-
ché par eſcrit, facilite pour la plus
part la depeſche : Car combien que
cela ſeroit totalement reietté, toutefois ceſte negatiue eſt plus pregnan-
te de direction, qu'une indefinitiue,
Comme les cendres ſont plus gene-
ratiues que la poudre.

XII.

D'AMOVR.

AMour eſt touſiours l'argument
des Comedies & ſouuentefois
des Tragedies ; Ce qui monſtre
bien que c'eſt vne paſſion generalement legere & quelque fois extreme : Elle peut bien eſtre extreme,
puis que le diſcours en vne hyper-
bole perpetuelle, n'eſt conuenable
en rien ſi non en amour : Et n'eſt
pas auſſi ſeulement en la phraſe. Car
comme cela a eſté bien dit, que l'ar-
chiadu-

chiadulateur auec lequel tous les
autres petis nouice-flatteurs ont in-
telligence, eſt vn homme ſoy meſme : Certainement l'amoureux eſt
plus : Car il n'y a iamais eu homme ſuperbe, qui ſi abſurdement ait
eu bonne opinion de ſoy meſme,
que l'amateur a de la perſonne aimee : Ceſt pourquoy cela eſtoit
tresbien dit, qu'il eſt impoſſible
d'aimer & d'eſtre ſage : Auſſi cette infirmité n'apparoit pas ſeulement aux autres, & non à la partie
aimee, mais elle apparoit à la partie
aimee ſur tout, ſi ce n'eſt que l'a-
mour ſoit reciproque : Car ceſt vne
maxime veritable qu'amour eſt touſiours recompenſé, ou par vn a-
mour reciproque, ou bien par vn
meſpris ſecret, & interieur. Par-
tant les hommes ſe doiuent dautant
plus garder de cette paſſion, laquelle perd non ſeulement autre choſe,
mais ſoy meſme. Quant aux autres
pertes, la relation des Poetes les re-
preſente bien : Que celuy qui pre-
fere *Helene*, reiette les preſens de
Iunon

Iunon,& Pallas : Car quiqconque a
trop bonne opinion de l'affection
amoureufe : celuy la reiette enfemble, & richeffe & fageffe. Cette
paffion a fes inondations, au temps
mefme d'infirmité, lefquelles font
grande profperité, ou grande ad-
uerfité : Encor que la derniere ait
efté la moins obferuee, lefquelles
deux faifons allument l'amour, & le
rendent plus bouillant, & en cela
monftrent qu'il eft l'enfant de folie.
Ceux la font mieux, qui font garder à cette affection fon quartier, &
la feparent totalement, d'auec leurs
ferieufes affaires, & actions de leur
vie : Car fi elle choque vne fois,
contre les affaires, elle trouble la for-
tvne des hommes, & fait qu'ils ne
fçauroyent en aucune façon, eftre
vrays à leur propre deffein, & inten-
tion.

XIII. D'A-

XIII.

D'AMITIE.

IL n'y a plus grand desert, ou solitude, que de viure sans vrays amis : Car sans amitié, societé n'est qu'une rencontre, ou mutuelle visitation : Et comme il est certain, qu'es corps inanimés, vnion fortifie quelque motion naturelle, & affoiblit quelque motion violente : Ainsi entre les hommes, amitié augmente les ioyes, & diminue les douleurs : Et pour cela quiconque manque de fortitude, qu'il adore amitié : Car le ioug d'amitié, rend le ioug de fortune, plus leger & plus doux. Il y en a d'aucuns qui menent vne vie, comme si perpetuellement ils iouoyent sur vn Theatre, desguisés à tous autres, & ouuerts seulement à eux mesmes : Mais dissimulation perpetuelle, est fort penible; Et celuy qui est toute fortune, & rien de nature, est vn exquis mercenaire.

cenaire. Ne vy continuellement e-
ftouffé, mais acquiers quelques a-
mis, auec lefquels tu puiffes com-
muniquer : Cela depliera ton entendement, euaporera tes affections,
& preparera ton affaire. Vn homme peut cacher vn coin de fon efprit à fon amy, & cela foit feulement pour tefmogner que ce n'eft
point fur trop grande facilité, mais
fur le vray regard d'amitié, qu'il s'ef-
largit foy mefme. Le deffault de
vrays amis comme c'eft la recompenfe des natures perfides ; ainfi
eft-ce vne impofition fur grandes
fortunes : l'un le merite, l'autre n'en
fçauroit efchapper. Et pourtant il
eft bon de retenir fincerité, & la
mettre dans ce compte d'ambition,
que le plus haut que quelqu'un s'ef-
leue, autant moins aura il de vrays a-
mis. La perfection d'amitié, n'eft
qu'une fpeculation. C'eft amitié
quand vn homme peut dire en foy
mefme. I'ayme ceft homme, fans
aucun regard d'utilité ; l'ay le coeur
ouuert deuant luy, Ie le fepare de

la

la generalité de ceux, auec lesquels
ie passe ma vie, Ie le fay vne portion de mes propres souhaits.

XIIII.

D'ATHEISME.

I'Aimeroye mieux croire les fables
de la Legende, & l'Alcoran des
Turcqs, que de penser que cette
machine vniuerselle puisse exister
sans ame : Et pour ce regard, Dieu
ne fit iamais de miracles, pour conuaincre les Atheistes, pour ce que
ses oeuures ordinaires, sont suffisans pour les conuaincre. Certainement vne Philosophie superficielle,
attire l'esprit de l'homme à Atheisme ; maia la profondité d'icelle,
le conduit à religion : Car quand
l'esprit de l'homme s'esleue en re-
gardant les causes secondes escar-
tees, quelque fois il s'arreste là :
mais quand il regarde de plus pres,
comme elles sont confederees & a-
liees, il contemple la prouidence &

 deité.

deité. Cette eschole qui est la plus
accusee d'Atheisme, demonstre religion plus que toutes autres : Telle est l'eschole de *Leusippe, Democri-
te* & *Epicure :* Car il est millefois
plus croyable, que les quatre mua-
bles elements, & vne quinte essence
immuable, iustement & eternellement placee, n'ont besoin d'un Dieu,
qu'vne armee, & amas d'infinis a-
tomes, ou semences confuses ayent
produit cet ordre & beauté, sans vn
Mareschal diuin. L'escriture dit :
*Le fol a dit en son coeur, Il n'y a point
de Dieu :* Elle ne dit point ; *Le fol
a pensé en son coeur ,* Ainsi que le
fol le dit, plustost par routine à soy
mesme (comme chose qu'il desire)
que cela qu'il peut indubitablement
croire, ou estre persuadé qu'il est
ainsi : Car il n'y a personne qui nie
la Deité sinon ceux pour lesquels
ce seroit aduantage qu'il n'y eut
point de Dieu. Epicure est chargé,
de n'auoir que dissimulé pour sa reputation, quand il affirmoit qu'il y
auoit des natures benites, & heu-
reuses :

reufes: mais telles qui iouyffoyent
d’elles mefmes, fans auoir refpect au
gouuernemenr du monde : En laquelle opinion on dit qu’il ne fit que
temporifer, combien qu’en fecret il
penfaft , qu’il n’y eut point de Dieu:
mais certainement il eft mal entendu : Car fes paroles font trefnobles,
& diuines : *Non Deos vulgi negare
profanum, fed vulgi opiniones Dijs ap-
plicare profanum* : *Platon* mefme n’en
pouuoit auoir plus dit. Et combien
qu’il eut l’affeurance , de nier l’ad-
miniftration , il manquoit toutefois
de pouuoir de nier la nature. Les
Indiens Occidentaux ont des noms
pour leur dieux particuliers , encores qu’ils n’ayent point de nom, pour
Dieu : Comme fi les Payens, deuroyent auoir eu les noms de *Iupiter,
Apollo, Mars,* & autres , mais non
pas le mot Dieu , lefquels toutefois
monftrent en auoir eu la notion ;
combien qu’ils n’ayent pas eu la
plaine extenfion. En telle façon que
contre les Atheiftes , les plus barba-
rer fauuages , prenent partie auec

les plus subtils Philosophes. Ceux
qui nient Dieu, destruisent la noblesse de l'homme : Car certainement l'homme est alié aux bestes
par son corps, & s'il n'est point alié
à Dieu par son esprit, il est vne basse,
& ignoble creature : Il destruit semblablement magnanimité, & esleua-
tion de la nature humaine : Car
pren exemple d'un chien, & remarque quelle generosité, & courage il
prendra, quand il se trouuera caressé
& maintenu par vn homme, qui
luy est en la place d'un Dieu, ou *me-
lior natura* : lequel courage est ma-
nifestement tel, que cette creature
(sans cette confiance d'une meilleure nature, que la sienne propre)
ne pourroit iamais y atteindre. Ainsi quand vn homme se repose & s'asseure soy mesme, sur la faueur & protection diuine, il amasse vne force &
foy, que la nature humaine en soy
mesme ne pouuoit obtenir. Donc-
ques comme l'Atheisme est en tout
& par tout odieux, ainsi l'est il en
ceci, qu'il priue la nature humaine

des

des moyens, de s'exalter par deſſus la fragilité humaine : Comme cela eſt en des perſonnes particulieres, ainſi eſt il aux nations . Il n'y a iamais eu tel eſtat pour magnanimité, que Rome : Touchant ceſt eſtat eſcoute ce qu'en dit *Ciceron. Quam volumus licet Patres Conſcripti nos a-memus, tamen nec numero Hiſpanos, nec robore Gallos, nec calliditate Pænos, nec artibus Græcos, nec denique hoc ipſo huius gentis & terra domeſtico, natiuoque ſenſu Italos ipſos & Latinos ; ſed pietate, ac Religione, atque hac vnâ ſapientiâ quod Deorum immortalium numine omnia regi gubernarique perſpeximus, omnes gentes, Nationeſque ſuperauimus.*

XV.

DE SVPERSTITION.

IL voudroit mieux n'auoir point du tout d'opinion de Dieu, que d'auoir vne opinion indigne de luy : Car l'un eſt meſcreance, l'autre con-

tume-

tumelie. Et certainement Superftition eſt le reproche de Deité :
Atheiſme laiſſe vn homme au ſens,
à la Philoſophie, à la pieté naturelle,
aux loix, à reputation : toutes leſ-
quelles peuuent eſtre guides à vertu,
combien qu'il n'y eut point de religion : Mais Superſtition les deſmon-
te toutes, & erige vne tyranie abſol-
ue en l'eſprit de l'homme : Ceſt
pourquoy, l'atheiſme n'a iamais
troublé les Eſtats : Car il rend les
hommes vigilants d'eux meſmes,
comme ne regardans plus outre :
Et nous voyons les temps enclins à
atheiſme, conme le temps *d'Auguſte
Ceſar*, & nos meſmes temps en quelques pays, eſtoyent & ſont pourtant temps ciuils. Mais Superſtition a eſté la confuſion, & deſolation
de pluſieurs eſtats, & introduit vn
nouueau *Primum mobile*, qui rauit
toutes les ſpheres de gouuernement.
Le maiſtre de ſuperſtion eſt le peuple, & en toute ſuperſtition, les homes ſages ſuyuent les fols & ſont
rendus arguments propres, pour

practi-

practiquer en vn ordre renuersé. Il n'y a point de tel Atheiste que l'hypocrite, ou imposteur, & n'est pas possible, que ou la generalité est superstitieuse plusieurs des conducteurs ne soyent hypocrites. Les causes d'Atheisme sont, diuisions en religion, scandales des prestres, & saisons doctes specialement si elles sont prosperes : encor que quant aux diuisions, quelque principale d'icelles augmente le zele de tous les deux costés : mais plusieurs diuisions introduisent Atheisme. Les causes de superstition sont, la delectation des ceremonies l'exces d'exterieure saincteté, la reuerence des traditions, les stratagemes des Prelats pour leur propre gain & ambition, & les temps barbares, specialement auec calamité & desastres. Superstition sans son masque est vne chose difforme : Car comme cela adioute difformité à vn singe de resembler tant à vn homme, ainsi la ressemblance de superstitió auec Religion, la rend plus difforme : Et comme

D 4

les

les viandes se corrompent en petis
vers, ainsi les bons ordres , & ma-
nieres , se corrompent en vn nombre de petites observances.

XVI.

SAGESSE POVR SOY MESME.

VN fourmi est vne creature sage pour soy mesme, mais c'est
vne chose pernicieuse en vn iardin
ou vergier. Et certainement ceux
qui sont grandement amateurs de
leur particulier consument le Public. Diuise auec raison entre amour
de toy mesme, & societé : Et sois
tellement vray à toy mesme, que
tu ne sois point faulx aux autres.
L'homme mesme est vn pauure
centre de ses propres actions, c'est
vrayement terre : Car elle seulement demeure ferme sur son propre
centre; la ou toutes choses, qui ont
affinité auec les Cieux, se meuuent
sur le centre d'un autre, â laquelle
elles

elles sont profitables. La relation
de toute chose à soy mesme est plus
tolerable en vn Prince Souuerain,
pour ce qu'eux mesmes ne sont pas
eux mesmes. Mais leur bien, &
leur mal, est au peril de la fortune
Publique. Mais c'est vn mal desespe-
ré à vn seruiteur d'un Prince, ou à
vn citoyen en une Republique : Car
quelques affaires, qui passent par
les mains d'un tel, il les accroche à
ses propres desseins : lesquels faut
necessairement, estre souuentefois
excentriques aux desseins de son
maistre, ou de l'estat. Donques que
les Princes ou Estats choisissent des
seruiteurs qui ne soyent point de ce
poil ; s'ils n'entendent que leur ser-
uice n'ait autre condition qu'acces-
soire. Et ce qui rend l'effect plus
pernicieux, est, que toute proportion est perdue. Il y auroit assez de
disproportion pour le bien des seruiteurs d'estre preferés à leurs Maistres : mais toutefois, c'est vne
plus grande extremité, quand vn
petit profit des seruiteurs, est rendu

 preiu-

preiudiciable, à vn plus grand profit des maiſtres. Et cependant le
cas eſt tel : car le profit que tels ſer-
uiteurs reçoiuent, eſt faconné au
moule de leur propre fortune : mais
le dommage qu'ils vendent pour ce
profit, eſt proportionné ſelon le
modelle de la fortune de leurs maiſtres. Et certainement c'eſt le naturel de ceux, qui ſont extremes amateurs d'eux meſmes, qu'ils mettront
en feu vne maiſon, ſeulement pour
cuire leurs oeufs : Et toutefois ces
gens s'entretiennent ſouuent, aux
bonnes graces de leurs maiſtres :
par ce que leur eſtude n'eſt que pour
leur complaire, & profiter à eux
meſmes : Et pour l'un, ou l'autre
de ces reſpects, ils abandonneront
le bien de leurs affaires.

XVII.

De Regiment De Sante.

IL y a vne sagesse en ceci, outre les reigles de Medecine, L'obseruatió d'un homme touchant soy mesme, en ce qu'il trouue bon, ou nuisant, est la meilleure medecine pour conseruer la santé : Mais la conclusion est meilleure de dire : Cela ne m'agree pas bien, & pourtant ie n'en vseray plus ; que de dire ainsi, cela ne m'offence pas, & pour cela i'en peux vser : Car la rigueur de nature en ieunesse, Ou trepasse plusieurs exces qui sont detteurs à vn homme iusqu'à sa vieillesse. Discernez l'approchement des annees & ne pensez pas faire les mesmes choses en tout temps. Certainement les Vieillards plus vigoureux, gaignent leur mort par cette aduenture : Car vieillesse ne veut pas estre defiee : Gardez vous de quelque changement subit en quel-

que

que grand point de diete. Et si la
necessité le contraint, conforméz le
reste à cela : Car c'est vn secret aussi bien en nature, qu'en matiere d'e-
stat, qu'il vaut mieux, changer pul-
sieurs choses qu'une. Le meilleur
precepte pour viure longuement, est
d'auoir l'esprit libre, & estre d'a-
laigre disposition aux heures de repas, de dormir, & d'exercice. Si en
santé vous mesprisez totalement la
medecine, vostre corps la trouuera
trop estrange, quand vous en auréz
besoin : Et si vous en vsez trop ordinairement, elle n'aura point d'o-
peration extraordinaire, quand la
maladie viendra. Ne negligez point
quelque nouuel accident en vostre
corps, mais demandez aduis la dessus. En maladie, ayez principalement esgard à la santé, & en santé,
à l'action : Car ceux qui contraignent leur corps, à endurer en santé,
peuuent en plusieurs maladies, qui
ne sont pas extremement violentes,
estre gueris seulement auec dietes
& doux maniement. *Celsus* ne pouuoit

vne telle vertu qu'il se puisse iustement attribuer à soy mesme. Discours de reprehension enuers les autres doit estre moderement vsé. Car
le discours doit resembler à vn
champ, qui n'entre iamais dans le
logis d'un homme. En discours la
discretion vaut mieux que l'elo-
quence, & parler au gré de celuy
auec qui nous auons affaire, est plus
que de donner bonnes parolles ou
bien reiglees. Vn beau discours con-
tinué, sans estre meslé de quelque in-
terlocution, monstre vne pesanteur
& tardiueté, comme aussi vne bonne replique, ou second discours sans
estre premierement bien fondé, se
demonstre defectif & maigre : Ainsi
que nous voyons aux bestes, desquel-
les celles qui sont moins habiles en
la course, sont *les* plus agiles au
tour. Celuy qui vse de trop de cir-
constances, auant que de venir au
poinct est ennuyeux, & celuy qui
n'en vse point du tout est entierement lourd.

XX. DE

XX.

DE SEMBLANCE DE SAGESSE.

IL y a eu vne opinion que les François font plus fages qu'ils ne femblent, & que les Efpagnols femblent plus fages qu'ils ne font : Mais de quelque façon qu'il en aille entre les nations, Certainement il en va ainfi entre homme & homme : Car comme dit l'Apoftre, touchant pieté ; Ayans la monftre de pieté ; mais en denians le pouuoir. Ainfi certainement, il y en a fur le point de fageffe & fuffifance, qui ne font rien ou peu, mais le font fort folennellement ; *magno conatu nugas.* C'eft vne chofe ridicule, & propre pour vn Satyre, aux perfonnes de iugement, de voir de quelles charlataneries vfent ces Formaliftes, & de quelles perfpectiues, pour faire vne fuperficie refembler vn corps, qui a largeur & profondité. Il y en a d'au-

cuns

cuns si secrets , & reserrés, qu'ils ne
monstreront point leur denree, si
non par vne lumiere tenebreuse, &
sembleront tousiours retenir quelque chose derriere : Et quand ils
sçauent bien en leur pensee, qu'ils
parlent de ce qu'ils n'entendent
point, ils voudront toutefois faire
sembler aux autres qu'ils entendent
ce, dequoy ils n'oseroyent parler.
Aucuns s'aident eux mesmes (auec
contenances & gestes, & sont sages
par signes, comme dit *Cicero* de *Piso*,
(quand il luy fit response) qu'il
haussoit vn de ses sourcils iusqu' à
son front, & abbaissoit l'autre iusqu' au menton *Respondes altero ad*
frontem sublato, altero ad mentum
depresso supercilio, crudelitatem tibi
non placere. Il y en a d'aucuns, qui
pensent emporter le prix, en pro-
nonçans paroles hautaines : Et e-
stans peremptoires, ils procederont
en leur discours, & prendront par
souffrance ce, qu'ils ne pourront
deuement garentir. Il y en a d'autres qui rencontrans quelque chose

que

que ce ſoit, outre leur capacité ſem-
bleront la meſpriſer, & en tenir peu
de compte, comme d'une choſe im-
pertinente & ſuperflue, & ainſi veulent faire ſembler, que leur igno-
rance procede de iugement. Il y en
a d'autres, qui ne ſont iamais ex-
empts de quelque different, & qui
communement en-amuſans les perſonnes auec ſubtilité, effaceront les
matieres ; Deſquels *Gellius* dit : *Ho-*
minem delirum, qui verborum minuti-
is rerum frangit pondera : De laquelle ſorte auſſi, *Platon* en ſon Protago-
ras introduit, *Prodicus* en mocque-
rie, & luy fait faire vne harangue,
qui ne conſiſtoit que de diſtincti-
ons, depuis le commencement iuſ-
ques à la fin. Generalement en
toutes deliberations, telles gens
trouuent aduantage à prendre la
partie negatiue, & affectent comme
vn credit, d'oppoſer, & predire difficultés : Car quand leurs propoſi-
tions ſont niees, c'eſt fait deux :
mais ſi elles ſont approuuees, cela
demande nouuelle beſogne, laquelle

impo-

impofture de Sageffe, eft la ruine
des affaires. Pour conclurre, il n'y
a marchant qui aille en decadence,
ou mendiant fi fecret qui ait tant
de fineffe, pour maintenir l'opinion de leurs richeffes; comme ont
ces perfonnes vuides, pour confir-
mer l'opinion de leur fuffifance.

XXI.

DE RICHESSES.

IE ne puis appeller richeffes mieux, que le bagage de vertu : Le
mot latin (impedimenta) fonne
mieux : Car comme eft le bagage
à vne armee, ainfi font les richeffes à la vertu : Il ne fçauroit eftre
quitté ny laiffé derriere, mais il
retarde la marche & mefmes le
foin d'icelui fait perde ou empefche aucunefois la victoire. Il n'y a
aucun vfage reel des grandes richeffes, fi ce n'eft en la diftribu-
tion : Le refte n'eft qu' opinion :
Ainfi dit *Salomon*, La ou il a beaucoup

coup, il y a pluſieurs perſonnes
pour le conſumer, & qu'en a le proprietaire, ſi non la veue auec ſes
yeux : La fruition perſonelle en
quelque homme que ce ſoit, ne
ſçauroit paruenir, à manier grandes
richeſſes. Il y a vne garde d'icelles,
ou vn pouuoir d'en faire donation,
& diſtribution ; ou bien vne renommee d'icelles, mais non pas vn
vſage ſolide au Proprietaire.

Ne voyez vous pas, quels prix
feincts, l'on fait ſur les petites pier-
reries & raretés, & quels ouurages
d'oſtentation ſont entrepris, à cauſe
qu'il peut ſembler, y auoir quelque
vſage de grandes richeſſes ? Mais a-
lors elles peuuent ſeruir à rachepter
les hommes, hors de dangers &
troubles ; Comme *Salomon* dit :
Richeſſes ſont comme vne fortereſſe
en l'imagination de l'homme riche :
Mais ceci eſt excellemment ex-
primé, à ſçauoir en l'imagination, &
non pas touſiours au faict : Car
certainement les grandes richeſſe
ont vendu plus d'hommes qu'elle
n'en

m'euſſent racheté. Ne cerche pas
d'orgueilleuſes richeſſes, mais telles
que tu les puiſſes acquerir iuſte-
ment, en vſer ſobrement, les diſtri-
buer ioyeuſement, & les quitter a-
uec contentement. Toutefois ne
les reiette pas, & n'aye aucun meſpris monachal contre elles, mais
fay diſtinction, comme dit tresbien
Ciceron de *Rabirio Poſthumus*: *In*
ſtudio rei amplificandæ apparebat, non
auaritiæ prædam ſed inſtrumentum bo-
nitati quæri. Ne croy point auſſi
par trop les autres, qui ſemblent les
meſpriſer: Car ceux les meſpriſent,
qui deſeſperent d'elles, & nuls pires qu'eux, quand ils les attaignent.
Ne ſoyez pas trop entendus aux de-
niers. Les richeſſes ont des aiſles, &
quelque fois elles doiuent eſtre laſ-
chees, pour en rappoter dauantage.
Les hommes laiſſent leurs richeſſes,
ou a leurs Parens, ou bien au Public:
Et moderees portions ſuccedent
mieux a l'u & a l'autre. Vn grãd eſtat
laiſſé au fils aiſné, eſt come vn leurre
à tous les oyſeaux de proye à l'enui-

ron,

ron, pour se saisir de luy, s'il n'est
pas mieux establi en aage, & en
iugement. Semblablement presens
glorieux & fondations, ne sont que
sepulchres, couldures d'ausmosnes,
qui se putrefieront & corrompront
bien tost interieuremét. Pourtant ne
mesure point tes aduancements par
la quantité, mais façonne les par
mesure, & ne disslayes point charité,
iusqu'a la mort : Car certainement
(si vn homme la pese droitement)
celuy qui fait cela est plus liberal du
bien des autres, que du sien propre.

XXII.

D' AMBITION.

Ambition ressemble à Cholere,
laquelle est vn humeur, rendant vn homme actif, serieux, plain
d'alaigresse & disposition, s'il n'est
pas bouché : Mais si on l'estouppe,
tellement que son chemin luy soit
interdit, il deuient aduste, & par se
moyen maling, & venimeux.

Ainsi les hommes ambitieux, s'ils
trouuent

trouuent le chemin ouuert, pour
leur aduancement, & s'ils font pro-
greßion, ils font pluftoft negotieux
que dangereux : mais s'ils font con-
trechoqués en leur defir, ils deuiennent fecretement mefcontens, re-
gardent les hommes & les affaires
d'un oeil maluueillant, & fe plaifent
le mieux, quand les chofes vont à
la rehuerfe : qui eft la plus vilaine
condition qui fe puiffe trouuer au
feruiteur d'vn Prince, ou d'vn eftat.
Ceft pourquoy il eft fort necef-
faire auz Princes, s'ils ont occafion
de fe feruir de ces perfonnes ambiti-
eufes, de les traitter tellement, qu'ils
puiffent eftre toufiours progreßifs,
& non retrogardes : ce qu'à caufe
qu'il ne peut eftre fans inconuenient, il eft bon de n'vfer point du
tout de tels naturels : Car s'ils ne
s'auancent point auec leur feruice
ils donneront ordre de faire que leur
feruice tombe auec eux. Entre les am-
bitions, l'ambition de fe prevaloir en
chofes grandes, eft moins domma-
geable, que cefte autre de paroi-

stre en chaque chose: Car cela engendre confusion, & gaste les affaires. Celuy qui recerche d'estre
eminent parmi les habiles hommes,
entreprend vne grande tasche; &
cela est tousiours aduantageux,
pour le Public: Mais celuy qui
trauaille son esprit, à estre seulement la figure entre les chiffres, est
la ruine d'vn siecle entier. Honneur a trois choses en soy, la terre
aduantageuse à faire du bien, l'acces
vers les Roys & personnes principales, & l'aduancement de la propre fortune d'vn homme. Celui qui
à la meilleure de ces intentions,
quand il aspire, est vn homme de
bien; Et ce Prince la, qui sçait discerner ces intentions en vn autre
qui tasche d'aspirer, est vn sage
Prince. Generalement que les
Princes & estats choisissent tels
seruiteurs, qui soyent plus sensibles
à leur deuoir, qu'à leur aduancement, & qui aiment plustost les
affaires, sur conscience que sur
brauerie: Et qu'ils discernent
                                vn na-

vn naturel turbulent , d'auec vn esprit deuotieux.

XXIII.

DE IEVNESSE ET VIEILLESSE.

VN homme qui est ieune en ans peut bien estre vieil en heures, s'il n'a point fait perte de temps : mais cela aduient rarement. Generalement ieunesse resemble aux premieres cogitations, qui ne sont point si sages que les secondes: Car il y a vne ieunesse, aussi bien en cogitations qu'en ans. Les naturels qui ont beaucoup de ferueur, grands & violents desirs & perturbations , ne sont point meurs pour action, deuant qu'ils ayent passé le meridian de leur temps : mais les naturels reposés , le peuuent bien faire en ieunesse ; comme d'autre part, chaleur & viuacité en vieillesse, est vne composition excellente pour les affaires. Les ieunes sont

plus

plus propres, à inuenter qu'a iuger;
plus propres pour execution que
pour conseil ; & plus propres pour
nouueaux proiects , que pour affaires reposees : Car la vieillesse es
choses qui tombent dans le circuit
de son experience , leur donne direction ; mais abuse des choses purement nouuelles. Les erreurs des ieunes, sont les ruines des affaires, mais
les erreurs des vieillards ne s'esle-
uent que iusque là , qu'ils peuuent
auoir plus fait, ou plustost. Les ieunes en la conduite , & maniement
des affaires , embrassent dauantage
qu'ils ne sçauroyent tenir , embro-
uillent plus qu'ils ne sçauroyent ap-
paiser , se precipitent à la fin sans
consideration des moyens & de-
grés, poursuiuět quelques principes,
lesquels ils ont à l'aduenture absur-
dement rencontré , ne se soucient
point d'innouer, ce qui attire des inconuenients incognus, se seruent de
remedes extremes au commencement : Et ce qui redouble tous erreurs ne veulent confesser, ni retra-
cter :

ſter : comme vn cheual vitieux, & mal manié, qui ne veut ni arreſter ni tourner. Les vieillards obieſtent trop, conſultent trop longuement, ſe haſardent trop peu, ſe repentent trop toſt, & fort rarement pouſſent les affaires à leur plain periode, mais ſe contentent d'une mediocrité de ſucces. Certainement il eſt bon de compoſer employeméts de tous les deux : Car cela ſera neceſſaire pour le preſent ; pour ce que les vertus de l'un & de l'autre aage, peuuent corriger les deffauts de tous les deux, & bon pour l'aduenir; pour ce que les ieunes, peuuent eſtre apprentis, cependant que les vieux ſont inſtructeurs : Et finalement pour le regard des accidents exterieurs ; pour ce que l'authoriré ſuit les vieillards, & la faueur & popularité la ieuneſſe ; Mais quant à la partie morale, parauenture la ieuneſſe emportera la preeminence, comme la vieilleſſe quant à la Politique. Vn certain Rabbi ſur ſe texte : *Uos ieunes hommes verront*

 des

des visions, & vos vieillards songe-
ront des songes) infere, que les ieunes
font admis plus pres de Dieu, que
les vieillards : pour ce qu'vne visi-
on, est vne reuelation plus claire
qu'vn songe. Et certainement, le
plus qu'vn homme gouste du mode
d'autant plus y est il enyuré : & la
vieilleffe s'aduance plus en la vigueur
d'entendement qu'aux vertus de volonté & affections.

XXIV.

DE BEAVTE.

L A vertu reffemble à vne pierre
precieuse, qui a plus de lustre,
quand elle est simplement mise en
oeuure : Et certainement la vertu
est aussi plus recommandable,
quand elle est placee en vn corps
seant (combien qu'il n'ait pas les
lineamens exquis) & qui retient
plus de dignité de presence, que de
beauté d'aspect : Et n'a on gueres
souuent veu, que personnes belles
soyent

soyent autrement douees de grande
vertu ; Comme si nature estoit plustost occupee à n'errer point, qu'
en trauail de produire excellence:
Et pour cela ils s'approuuent ac-
complis, mais non de grand esprit,
& s'estudient plustost à auoir bonne
grace, que vertu. Et beauté
celle de douceur est plus que celle
de couleur, & celle de debonnaireté & gracieux compliment, plus
que celle de douceur. Celle la est
la meilleure partie de beauté, laquelle le pourtraict ne sçauroit exprimer ni aussi le premier aspect du
vif. Et n'y à point de beauté excellente, qui n'ait quelques traits
estranges, en la proportion. On
ne sçauroit bien dire ; lequel d'Ap-
pelles, ou d'Albert Durere estoit le
plus folastre ; desquels l'vn a tasché
de composer vn personnage par
proportion Geometricalle : l'autre
en choisissant les principales per-
fections de diuers visages, pour en
tirer vn excellent. Tels pourtraits
comme il me semble ne seront a-

 greables

greables à personnes : sinon aux
Peintres mesmes, qui les côposerent.
Neantmoins ie pense qu'un Peintre
peut tirer vn des meilleurs visages,
qui fut iamais ; mais il faut qu'
il le face, par vn cettain bon heur.
Comme les Musiciens, qui sans
aucune reigle, font vn air excellent
en Musique. S'il est veritable, que
la principale partie de beauté, consiste en debonnaireté, & bonne
grace ; certainement ce n'est pas
de merueille : combien que les
vieillards apparoissent souuent,
plus aimables. *Pulchrorum autum-
nus pulcher* : Car la ieunesse ne peut
estre bien seante que par pardon, &
considerant la Ieunesse, comme
pour supleer à la seance. Beauté
est comme fruict d'estré, qui est
facile à estre pourri, & ne peut
durer : Et pour la plus part, elle
rend la Ieunesse dissolue, & la vieillesse hors de contenance. Mais
derechef certainement, si elle rencontre vn suiect à propos, elle fait
resplendir la vertu, & rougir le vice.

XXV.

XXV.

DE DIFFORMITE.

LES perfonnes laides, & dif-formes, font communement quittes auec nature : Car comme la nature a fait mal par elles, ainfi font elles mal par nature, eftans pour la plus part (comme dit l'efcriture) priueés d'affection naturelle : Et par ce moyen elles ont leur reuenche contre nature : Certainement il y a vne concordance, entre le corps & l'efprit: & la ou la nature erre en l'vn, elle s'aduenture en l'autre: *Vbi peccat in vno periclitatur in altero.* Mais a caufe qu' en l'homme, il y a vne election , touchant la compofiti-on de fon efprit, & vne neceffité en la forme de fon corps. Les eftoilles d'inclination naturelle font quel-quefois obfcurcies par le foleil de difcipline & de vertu. C'eft pour-quoy il eft bon de confiderer diffor-mité non comme figne (qui eft

plus

plus deceuable) mais comme vne
cauſe, qui rarement manque à ſon
effect. Quiconque a quelque choſe
fichee en ſa perſonne qui le rend
meſpriſé , il a auſſi vn perpetuel
aiguillon en ſoy , pour ſe retirer &
deliurer ſoy meſme de deſdaing:
C'eſt pourquoy toutes perſonnes
difformes, ſont extrément auda-
cieuſes, premierement comme en
leurs defences propres,) eſtans ex-
poſees au meſpris : mais auec pro-
greſſion de temps par vne habitude generale : Auſſi elle excite en
eux vne induſtrie, & ſpecialement
de ceſte ſorte, à guetter & obſeruer
l'infirmité des autres, afin qu'ils
puiſſent auoir dequoy retribuer. En
apres elle eſteint ialouſſe des ſupe-
rieurs enuers eux, comme perſonnes, leſquels ils penſent pouuoir
meſpriſer à plaiſir ; Et rend leurs
competiteurs & emulateurs endor-
mis, comme ne croyans point, qu'
ils pourront eſtre iamais aduancés
iuſqu'à ce qu'ils les voyent en poſ-
ſeſſion : tellement que pour concluſion

clusion en vn grand esprit, la difformité est vn aduantage pour estre
aduancé. Les Roys au temps
passé, & maintenant en quelques
pais, auoyent coustume, de se con-
fier grandement aux Eunuques:
parce que ceux qui sont enuieux
contre tous, sont plus officieux &
obseruans enuers vn : Mais toutefois leur fiance enuers eux, à plustost
esté, comme enuers bons espions, &
rapporteurs ; que bons magistrats
& officiers. Aussi semblable en est
la raison touchant les personnes
difformes : Et ce tousiours sur ce
fondement que s'ils sont gens d'entendement ils cercheront de se deliurer de mespris, Ce qu'il faut qui
se face par vertu ou malice, & pour
cela ils se monstrent ou bien les
meilleurs des hommes, ou bien les
pires ou bien & l'vn & l'autre
estrangement meslé.

XXVI.

DE LA NATVRE AVX HOMMES.

LA nature est souuent cachee, quelque fois surmontee , rarement esteinte : Force rend nature plus violente au retour : Doctrine & discours, la rendent moins importune : mais la coustume seulement, change & dompte la nature. Celuy qui cerche la victorie par dessus sa nature, qu'il ne s'adonne point à tasches trop grandes , ou trop petites : Car les premieres le rendront reietté , par l'iteration de plusieurs fautes , & les secondes le feront proceder pourement : combien qu'en se preualant souuentefois : Et au commencement, qu'il pratique auec aides, comme font les nageurs auec vessies, ou ions: Mais quelque temps apres qu'il s'exerce auec desauantages, comme font les danseurs auec semelles de plomb:

plomb : Car cela engendre grande perfection, si la Practique est plus difficile que l'vsage mesme. Ou la nature est puissante, & par consequent la victoire difficile, on a besoin dauancer par ces degres : premierement d'empescher & arrester nature à l'entree : (comme celui qui voudroit reciter son alphabet, quand il seroit en cholere) & alors l'amoindrir en quantité (comme si en s'abstenant du vin, l'on quittoit les carouces, pour prendre seulement vn traict au repas) & finalement discontinuer totalement: Mais si vn homme a la puissance,& resolution de s'affranchir soy mesme,tout à coup, cela vaut beaucoup mieux.

Optimus ille animi vindex ledentia
*   pectus,*
* Vincula qui rupit dedoluitque se-*
*   mel.*

Et n'est pas aussi la reigle ancienne perdue, de plier nature (comme vne baguette) à vn contraire extreme, pour le rendre droict cest a dire, ou
l'ex-

l’extremité du contraire n’a point
de vice. Que l’homme ne force
point l’habitude fur foy mefme,
auec vne continuation perpetuelle:
mais auec quelque intermiffion:
Car l’intermiffion renforce vne
nouuelle recharge : & fi vn homme
qui n’eft pas parfaict, eft toufiours
en practique, il practiquera auffi
bien fes erreurs, comme fes habili-
tés, & acquerra vne habitude de
tous les deux, & à cela n’y a point
d’autre remede, fi non par inter-
miffions temperees. La nature d’vn
homme eft mieux defcouuerte en
particulier, car en cela il n’y à point
d’affectation; comme auffi en paffion, car elle met vn homme hors
de fes preceptes; & en vne nouuelle practique ou efpreuue, car
lors la couftume le quitte. Ceux
la font heureux, defquels les natures font afforties auec leurs vo-
cations, autrement ils peuuent bien
dire (multum incola fuit anima
mea) quand ils conuerfent es chofes,
qui ne leur font point agreables. A
quelque

quelque chose que l'homme s'ef-
force en ses estudes, qu'il se propose
pour ce suiect , des heures certaines : Mais quant à celles qui
sont agreables à sa nature , qu'il
n'aye point de soin d'obseruer quelque temps assigné : Car ces pensées s'enuoleront à cela de leur
plain gré, moyenant que les loisirs
d'autres affaires, & estudes soyent
suffisans.

XXVII.

DE COVSTVME ET EDVCATION.

LEs pensées des hommes , sont
pour la plus part selon leur inclination : Leurs discours & paroles, selon leur erudition & opinions empreintes : mais leurs actions sont, selon ce aquoy ils ont esté
accoustumés : Et pourtant (comme
Machiauel remarque combien qu'en
vne fort absurde instance) il n'y a
point de fiance à la force de nature

ture, n'y aux brauades de paroles :
sinon qu'elles soyent corroborees
par couftume : Son inftance eft
telle. Que pour venir à bout d'vne
confpiration hafardeufe, on ne deuroit point fe repofer fur la fierté du
naturel de quelqu'un, ou fur fes en-
treprifes refolues : pluftoft, fe fier en
celuy qui a accouftumé, d'auoir les
mains bagnees au fang. Mais *Machiauel* n'a point eu cogniffance
d'vn frere *Clement,* n'y d'vn *Ra-
uaillac,* ny de *Iaurequi* ni de *Bal-
thafar Gerard,* & pourtant fa reigle
demeure ferme; que nature n'y l'en-
gagement de parole ne forcent ny
ne contraignent pas tant que couftume. Seulement Superftition eft
maintenant tellement aduancee, que
ceux qui ne font que nouices en matiere de fang , deuiennent auffi
fermes que bouchers par occupa-
tion : Et refolution Iefuitique eft
rendue equipollente à couftume,
mefme en matiere de fang : Aux
autres chofes la predominance de
couftume, eft de toutes parts vifi-
ble

ble : tellement que quelqu'um
trouuera eftrange, d'entendre les
hommes faire profeffion, engager,
donner paroles empoulees : & cependant faire iuftement le mefme,
qu'ils auoyent fait auparauant,
comme s'ils eftoyent feulement i-
mages mortes, & engins conduits
par les roües de couftume. Puis donc
que couftume eft le magiftrat principal de la vie de l'homme; Que les
hommes s'efforcent par tous
moyens, d'acquerir bonnes cou-
ftumes. Certainement couftume eft
fort parfaite, quand elle commence
en l'aage pueril, ce que nous appellons education , & qui n'eft rien,
qu'une couftume matineufe : Car il
eft vray, que trop tard apprentis ne
fçauroyent fi bien prendre leur pli, fi
ce n'eft en quelques efprits, qui ne fe
font laiffé deuenir fixes; mais fe font
contregardé ouuerts & preparès, à
reçeuoir reformation continulle, ce
qui eft fort rare. Mais fi la force de
couftume fimple & feparee, eft
grande, la force de couftume
copule,

copulee, conioincte, & en troupe,
est beaucoup plus grande: Car la
l'exemple enseigne, compagnie con-
forte, emulation renforce, gloire
esleue; tellement qu'en telles places, la vigueur de coustume est en
son exaltation. Certainement la
grande multiplication de vertus,
sur la nature humaine, se repose sur
societés, bien ordonnees & dis-
ciplinees: Car republiques & gou-
uernemens bien reiglés, nourris-
sent la plante de vertu: mais n'a-
mendent point les semences: Mais
la misere est, que les moyens les
plus effectueux, sont maintenant
appliqués aux fins qui deuroyent
estre moins desirees.

XXVII.

DE FORTVNE.

L'On ne sçauroit nier que les
accidents exterieurs, seruent
beaucoup à la fortune d'vn homme;
faueur, la mort opportune des autres, occasion accordante à la vertu:
mais

mais principalement le moule de
la fortune d'vn homme, est en luy
mesme; Et la plus frequente des
causes exterieures est, que la folie
de l'un, est la fortune de l'autre:
Car personne ne peut prosperer si
soudainement, que par les erreurs
des autres : *Serpens nisi serpentem
comederit, non fit draco.* Vertus ou-
uertes & apparentes enfantent louange : mais il y a des vertus secrettes & cachees, qui engendrent
fortune; qui ont certaines euasions
de soy mesme, lesquelles n'ont
point de nom : Le mot Espagnol
desemboltura les exprime en partie,
quand le naturel d'vn homme, n'est
point addonné à estre paresseux,
ou restif. Car ainsi dit tresbien
Liuius (apres auoir descrit *Cato
Maior* en ces termes) *In illo viro tantum robur corporis & animi fuit; vt
quocunque loci natus esset, fortunam
sibi facturus videretur;* Il retombe
la dessus qu'il auoit, *versatile inge-
nium.* C'est pourquoy, si vn
homme regarde serieusement, & at-
ten-

tentiuemeut il uerra fortune : Car
encor qu'elle soit auengle, elle n'est
pas toutefois inuisible. Le chemin
à fortune est semblable à la Galaxie
du firmament qui est vne rencontre, & amas de plusieurs petites
estoiles, qui n'apparoissent point
separement, mais qui donnent clarté
ioinctes ensemble : Ainsi y a il vn
nombre de petites vertus, & qui
se peuuent rarement discerner, ou
plustost facultés & coustumes, qui
rendent les hommes fortunés. Les
Italiens en remarquent quelques
vnes, telles qu'a peine l'on voudroit imaginer; quand ils parlent de
quelqu'un qui ne peut estre infor-
tuné, ils s'entrefourrent dans ses
autres conditions auec ces mots,
qu'il a *Poco di matto.* Et certainement il n'y à point de proprieté
plus fortunee, que ces deux icy : de
tenir vn peu du fol, & non point
trop de l'honneste. C'est pourquoy
ceux qui sont extremes amateurs de
leur païs, ou de leur Maistres, ne
sont iamais fortunés, ny ne le

sçau-

sçauroyent estre : Car quand vn
homme place ses pensées hors de
soy mesme, il ne y a pas son propre
chemin . Vne fortune hastiue fait
vn entreprenant & remuant; mais
la fortune exercitee fait l'habile
homme. Fortune doit estre hono-
ree & respectee, quand ce ne seroit
que pour l'amour de ses filles, Confiance & Reputation : Car la fe-
licité les engendre toutes deux ; la
premiere dans l'homme mesme, la
derniere dans les hommes enuers
luy. Toutes personnes sages, pour
decliner l'enuie de leurs propres
vertus, ont coustume de les attribuer à prouidence & Fortune: Et
par ce moyen ils se les peuuent
mieux imputer. Outre cela c'est
vne grandeur à vn homme, d'estre
le soin des superieurs : Et a esté re-
marqué, que ceux qui ouuertement
attribuent trop à leur sagesse & police, finissent infortunement. On
escrit que *Timotheus* l'Athenien:
apres auoir rendu compte à l'Estat
de son gouuernement, souuentefois

fois entrelaceoit ces paroles. Et en
ceci fortune n'auoit point de part:
Mais puis apres il ne prosperoit
iamais, en quelque chose qu'il
entreprist.

XXIX.

DES ESTVDES.

EStudes seruent pour delectation, pour ornement, & pour
habilité. Leur principal vsage touchant delectation est, en vne vie
priuee & retiree. Quant à l'ornement, il gist au discours; Et l'habilité consiste au iugement: Car
personnes expertes peuuent execu-
ter; Mais les doctes font plus
propres, a iuger & censurer. De
consumer trop de temps en icelles,
c'est paresse; De s'en seruir trop
pour ornement, c'est affectation;
Et d'en faire iugement, totalement
par leur reigle, c'est l'humer, d'vn
escholier. Elles rendent nature parfaite, & sont rendues parfaites par
experience.

experience. Les hommes ſubtils les meſpriſent, les ſimples, les ad-mirent, & les Sages s'en ſeruent : Car elles n'enſeignent point leur propre vſage, mais qu'il y a vne ſageſſe ſans elles, & par deſſus elles, gagnee par obſeruation. Ne liſez point pour contredire, ni pour croire, mais pour balancer & conſiderer. Quelques liures doiuent eſtre gouſtés, autres auallés, & quelques autres ruminés & digerés; C'eſt à dire; Quelques liures doiuent eſtre leus ſeulement en partie; les autres eſtre leus, mais non pas curieuſement; Et quelques autres eſtre leus entierement, Et ce auec diligence, & attention. La Lecture rend l'homme accompli, Conference le rend prompt, & Eſcriture exact. Et pour cela ſi vn homme eſcrit peu, il a beſoin de grande memoire : s'il confere peu, il a beſoin d'vn eſprit prompt ; S'il lit peu, il a beſoin d'auoir beaucoup de ſubtilité pour ſembler cognoiſtre, ce qu'il ne cognoit pas. Les hiſtories rendent les

F

hommes

hommes fages, la poefie, ingenieux;
Les mathematiques, fubtils ; la phi-
lofophie naturelle profonds ; la morale, graues La Logique & Retho-
rique fuffifans à difputer. *Abeunt ftu-*
dia in mores,   Non. Il n'y a point
d'arreft ni d'empefchement en l'e-
fprit : mais il peut eftre furuaincu,
par eftudes conuenables : comme
les maladies des corps, peuuent a-
uoir les exercices appropriés. Iouer à la boule, eft bon pour la
pierre & grauelle : Tirer de l'arc,
pour les poulmons & la poictrine:
Sobrement fe promener, pour l'e-
ftomach : Picquer le cheual, pour
la tefte, & chofes femblabes. A-
infi fi l'fprit d'un homme eft va-
quant, qu'il eftudie les Mathematiques : S'il n'eft prompt à diftin-
guer, ou trouuer les differens,
qu'il eftudie les Docteurs Scho-
laftiques : S'il n'eft propre à fou-
iller dans les controuerfes, & à re-
trouuer les refemblances, qu'il e-
ftudie les cas d'Aduocats, & Con-
feillers : Ainfi chaque deffault
d'efprit

d'esprit, peut auoir quelque supple-
ment particulier.

XXX.

DE CEREMONIES
ET RESPECTS.

CEluy qui est seulement reel, a
besoin d'excessiuement grandes parties de vertu : comme la
pierre a besoin d'estre riche, qui
est assise sans fueille : Mais communement il en va de mesme en
louange, comme en gain : Car
comme le prouerbe est vray, que
legers gains font la bourse pesante :
parce qu'ils deuienent frequents :
la ou les grands, ne viennent que
par fois, Ainsi est il vray, que les
affaires menues, remportent grande
commendation : à cause qu'elles
sont incessamment en vsage & remarque : la ou l'occasion de quelque grande vertu, ne vient qu'aux
iours defeste. Pour acquerit bonnes
façons , il suffit de ne les point

 mespriser :

mespriser : Car ainsi vn homme
les obseruera aux autres : Et qu'il
se confie sur soy mesme, touchant
le reste : Car s'il a soin de les exprimer, il perdra leur grace, qui
est d'estre naturelle, & non affectee.
La façon de quelques vns resemble
vn vers, lequel en chaque syllabe
est mesuré; Comment peut vn
homme comprendre affaires de
consequence, qui s'embrouille trop
serieusement la ceruelle aux petites
obseruations ? De ne se seruir
point du tout de ceremonies, c'est
enseigner les autres a n'en vser plus,
& ainsi en diminuer Le respect :
Specialement elles ne doiuent point
estre omises aux estrangers, & natures adonnees à formalité : Parmi ses Pairs, vn homme sera
seur de familiarité : Et pourtant il
est bon d'estre quelque peu fami-
lier. Celuy qui tient trop de chaque chose : tellement qu'il donne
à vn autre occasion de satieté, il
se vend, à trop bon marché. Il est
bon de s'appliquer & s'accom mo-

der

der aux autres : pourueu que se soit
auec demonstration, qu' on le fait
par respect, & non par facilité.

Cest vn bon precepte, generalement en secondant vn autre, d'y
adiouter aussi quelque chose du sien:
Comme, si vous luy voulez accorder son opinion, que ce soit auec
distinction : Si vous voulez suiure
ses motions, que ce soit auec condition; Si vous approuuez son conseil, que ce soit en alleguant quelque raison au surplus. Les hommes
ont besoin de se garder, qu'ils ne
soyent trop exquis en compliments : Car combien qu'ils soyent
antrement fort suffisans, leurs enuieux pourtant, leur donneront ceste
tasche au desauantage de leur plus
grande vertu. Cest aussi perte en affaire, d'estre trop plain de respects,
ou bien d'estre trop curieux, en l'ob-
seruation des saisons, & oppor-
tunités. *Salomon* dit : Celuy qui
considere le vent, n'ensemencera
point; Et celuy qui regarde les
nuees, ne moissonnera iamais.

Vn homme sage formera plus d'op-
portunités qu'il n'en trouue.

XXXI.

DES SVPPLIANS.

BEaucoup de pernicieufes affaires
font embraffees, & beaucoup
de bonnes affaires par des esprits
depraués, Aucuns reçoiuent supplications, qui sont deliberés, de
ne les iamais pourfuiure d'eux
mefmes : mais s'ils voyent, qu'il
y ait efperance en l'affaire, par
quelque autre moyen, ils feront
fort contens, de gaigner vn re-
merciement, ou de prendre vne feconde recompenfe, ou pour le
moins de fe feruir cependant des
efpoirs des fupplians. Il y en a
d'aucuns, qui s'embarquent en des
petitions, feulement pour auoir occafion d'eftre obftacle aux autres,
ou de faire vne information, dont
ils ne pouuoyent point autrement
auoir vn pretexte propre : fans fe
foucier

soucier que deuiendra la requeste,
quand il aura acheué son dessein.
Mesmes Aucuns entreprenent requestes, auec plaine resolution, de
les laisser tomber, à celle fin de
gratifier l'aduerse partie, ou le com-
petiteur. Certainement il y a en
quelque façon, vn droict en chaque
petition Cest à dire droict d'equité,
si c'est vne petition de controuerse:
ou droit de merite, si cest vne petition de recompense. Si affection
incite vn homme, à fauoriser en
iustice celuy, qui a fait le tort, qu'il
se serue plustost de sa Grandeur, &
authorité, pour attirer composition, que de l'emporter contre le
droict. Si affection pousse vn
homme, à fauoriser celuy, qui l'a
moins merité, qu'il le face sans
desprauer, ou disgracier celuy, qui
a plus merité. En matiere de petitions, si vn homme ne les entend
pas bien, il est bon de s'en rappor-
ter, à quelques amis d'asseurance,
& de iugement, qui puissent informer, s'il est licite d'y proceder
F 4

auec

auec son honneur. Supplians sont
tellement degoustés auec delays, &
abus, qu’ vne response directe
{en niant de s’entremesler au commencement en la petition: en re-
portant le succes simplement: &
en ne challengeant plus les remer-
ciemens qu’on a merité) est estimee, non seulement honnorable,
mais aussi gratieuse. En petitions
touchant faueur, les premiers
venus doiuent prendre peu de place:
en telle sorte, qu’on doit auoir consideration de sa fiance, que si l’in-
telligence de la cause, ne peut estre
autrement gagnee, que par luy: que
l’on ne prenne point aduantage de
cette information: mais que la
partie soit renuoyee à ses autres
moyens. Estre ignorant de la valeur d’vne petition, est simplicité:
aussi bien qu’ estre ignorant du
droict d’icelle, est default de conscience. Estre secret en requestes,
est vn grand moyen de les obtenir:
Car en diuulguant qu’elles sont
fort aduancees, on peut descoura-

ger

ger quelque sorte de contresuppli-
ans, & donner viuacité aux autres:
Mais prendre l'aduantage du temps,
en requestes est le principal : Quant
à ce que ie di touchant l'aduantage
du temps, ie ne l'entend pas seulement, au regard de la personne,
qui deuoit enteriner la requeste:
mais aussi au regard de ceux, qui
sont sur le poinct de l'empescher.
Qu'vn homme en l'election de son
moyen, choisisse plustost le moyen
le plus propre, que le plus grand:
& qu' il s'adresse plustost à ceux,
qui se meslent en quelques choses,
que aux autres qui embrassent
toutes choses generalement. La
reparation d'vne chose deniee, est
quelque fois esgale à vn accord
fait au premier coup. Si vn homme
se monstre soy mesme, ni deietté
ni mescontent, *Iniquum petas vt
aequum feras*, est vne bonne regle,
quand vn homme a l'aduantage de
faueur : mais autrement il vaudroit
mieux, qu'il s'aduanceast en sa requeste : Car celuy qui voudroit au

 com-

commencement auoir hasardé, a
perdre le suppliant ; ne veut pas en
la conclusion perdre, & le suppliant, & sa propre faueur prece-
dente. Il n'y a requeste estimeee
si facile à vn grand personnage,
que de procurer sa lettre : Et pourtant s'il la concede en vne mauuaise
cause, cest autant diminué de sa reputation.

XXXII.

DE SVIVANTS ET AMIS.

Suiuants trop onereux, ne doiuent point estre estimés : depeur
que cependant vn homme en a-
longissant son train, n'accourcisse
ses aisles. Ie n'entend pas seulement
onereux, ceux qui chargent la
bource : mais aussi ceux qui sont
ennuyeux & importuns en requestes. Suiuants ordinaires ne
doiuent s'attribuer plus hautes conditions, que faueur, recommanda-
dation,

dation, & protection contre in-
iures. Suiuans factieux doiuent
estre moins approuués, qui nesui-
uent pas pour l'affection deceluy,
auec lequel ils se font rangés : mais
sur mescontentement conçeu contre
quelque autre : Sur quoy ordinairement s'ensuit ceste mauuaise in-
telligence, que nous voyons souuentefois entre les grands personnages. Semblablement suiuants
glorieux sont plains d'inconuenient. Car ils corrompent les affaires,
par faute d'estre secrets, emportent
l'honneur d'vn homme, & le font
vn retour d'enuie. La suite de certains Estats, respondante a ce dont
vn grand personnage fait profession
(comme de soldats à celuy qui
commande en chef, en la guerre:
& semblables) a tousiours esté
estimee vne chose ciuile, & prise
en bonne part es monarchies mesmes : moyennant qu'elle soit sans
trop grande parade, & popularité:
mais la plus honnorable sorte de
suiuants est, d'estre accompagné

comme

comme vn qui eſt deliberé d'auan-
cer vertu & merite en toutes ſortes
de perſonnes : Et toutefois ou il
n'y a point de difference eminente
en ſuffiſance, il vaut mieux s'ad-
donner au plus paſſable, qu'au plus
habile. En gouuernement il eſt
bon de traitter les gens d'vn meſme
rang, egalement : Car de fauori-
ſer quelques vns extraordinaire-
ment, ceſt les rendre inſolents, &
le reſte meſcontent : par ce qu'ils
peuuent reclamer cela comme deu:
Mais il eſt fort bon, de traitter en
faueur les hommes auec beaucoup
de difference & elſection : Car cela
rend les perſonnes preferees plus
recognoiſſantes, & le reſte plus
officieux : pource que tout procede
de faueur. Il eſt bon de ne careſſer
trop vn homme au commencement, pource qu'on ne ſçauroit
continuer le pas, à ceſte propor-
portion. Eſtre gouuerné par vn
eſt mauuais, & eſtre diſtraict par
pluſieurs, eſt pire : mais de prendre
aduis de quelques amis particuliers
eſt

eſt touſiours honnorable : Car les
regardans ſouuentefois voyent les
plus, que les Ioueurs meſmes, & les
valées deſcouurent mieux les montagnes. Il y a bien peu d'amitié au
monde (& premierement entre les
eſgaux) qui ſouloit anciennement
eſtre magnifiec. Cela d'àmitié qui
reſte, eſt entre le ſuperieur & l'inferieur : les fortunes deſquels peuuent comprendre l'vne & l'autre.

XXXIII.

DE NEGOCIATION.

IL vaut generalement mieux traitter par paroles, que par lettres : &
par le moyen d'vn troiſieſme, que
ſa perſonne meſme. Lettres ſont
commodes quand on vent tirer vne
reſponce par lettres, ou quand elles
peuuent ſeruir pour la iuſtification
d'vn homme : puis que apres il
peut produire ſa propre lettre : ou
bien quand il y peut auoir danger
qu'elle ne ſoit interrompue ou en-
tendue

entenduë par pieces. Il eſt bon de
traitter perſonnellement quand le
viſage d'vn homme, enfante vn
doux regard, comme ordinairement auec Inferieurs, ou en cas
plus tendre : quand l'oeil d'vn
homme ſur la contenance de celuy
auquel il parle, peut luy donner
direction, combien auant il doit aller. Et generalement ou homme ſe
veut reſeruer à ſoy meſme la liberté,
ou bien de deſauoüer, ou bien d'
expliquer. En l'eſlection d'inſtru-
ments il vaut mieux choiſir les
hommes qui ſont de moyenne condition, & propres à s'acquitter
de la charge qui leur eſt commiſe,
& en reporter fidellement le ſucces:
que ceux qui ſont ſubtils à tirer
hors des affaires d'autruy quelque
choſe, pour ſe donner grace à eux
meſmes : & qui aideront la matiere en report, pour donner ſa-
tisfaction. Il vaut mieux ſonder
la perſonne auec qui l'on traitte de
loin, que de ſe ietter ſur le point du
premier coup : ſi ce n'eſt que vous le
vouliez

vouliez surpendre par quelque
courte question. Il vaut mieux
traitter auec ceux, qui sont en ap-
petit, qu' auec ceux qui ont leur
saoul. Si quelqu'un stipule auec vn
autre, sur conditions: la priorité ou
premier accomplissement en effect est tout, lequel vn homme ne
sçauroit raisonablement demander,
sinon que ou la nature de la chose
soit telle qu'elle doiue preceder, ou
qu'il puisse persuader à l'autre partie, qu' elle aura encores affaires de
luy en quelque autre chose : ou
bien qu'il soit estimé le plus homme
de bien. Toute practique est ou
pour descouurir ou pour ouurager.
Les hommes se descouurent eux
mesmes en confiance, en passion,
à l'improuiste, & de necessité:
quand ils veulent venir à bout de
quelque chose, & ne sçauroyent
trouuer aucun propre pretexte. Si
vous voulez façonner quelque
homme, il vous faut cognoistre
son naturel & ses inclinations, & par
ce moyen le mener ou ses desseins,

&

& ainſi le perſuader : ou ſon infirmité & deſauantage & par ce
moyen luy donner peur : ou bien
ceux qui ont intereſt ſur luy, & ainſi
les regir & gouuerner. En traittant
auec perſonnes ſubtiles, il faut
touſiours conſiderer leurs fins pour
mieux interpreter leurs paroles. Et
á telles gens il eſt bon de parler peu
ou de cela qui eſt le plus eſlogné de
leur attente.

XXXIIII.

DE FACTION.

PLuſieurs ont vne opinion ab-
ſurde : que pour vn Prince de
bien gouuerner ſon eſtat, ou pour
vn grand perſonage, d'adminiſter
ſes affaires, ſelon le reſpect des factions, eſt la principale partie de Police; ou au contraire la principale
ſageſſe eſt, ou en diſpoſant par ordres ces choſes, qui ſont generales
eſquelles toutefois les hommes de
factions particulieres s'accordent,

ou

ou en traitant auec correſpondance
aux perſonnes particulieres l'vne a-
pres l'autre. Mais ie ne di pas
que la conſideration des factions
doiue eſtre negligee : Les petits
compagnions ſont contraincts d'y
adherer : Mais les grands qui
ſont puiſſans en eux meſmes, fero-
yent beaucoup mieux de ſe maintenir indifferens & neutres. Toutefois pour les autheurs meſmes, d'y
adherer ſi moderement comme vn
de la faction, qui eſt la plus paſſable auec l'autre, eſt ce qui communement monſtre le meilleur chemin. La plus abiecte & infirme faction, eſt la plus forte en conion-
ction. Quand vne des factions eſt
eſteinte, le demeurant ſubdiuiſe laquelle eſt bonne pour vne ſeconde.
L'on voit ordinairement que les
hommes vne fois placés, adherent
à la faction contraire à ce par lequel
ils ſont entrés. Le traiſtre en factions facilement emporte le prix :
Car quan les pratiques ont demeuré
longuement en balance, en gagnant
vn

vn de la partie on defcouure toute
la compagnie, & celuy la gagne
toute la part en la conquefte. Le de-
portement efgal entre deux factions, ne procede pas toufiours de
moderation, mais d'honnefteté de
la vie, auec deffein de les employer
tous deux. Certainement en Italie
ils ont quelque foupçon, fur les
Papes quad ils ont fi fouuent en la
bouche, *Padre commune,* cela pour
vn figne de referer tout à la grandeur de fa maifon.

XXXV.

DE LOVANGE.

LOuange eft la reflexion de vertu: mais elle eft comme le mi-
roir, ou le corps, qui donne la reflexion. Si elle prouient du commun peuple, elle eft ordinairement
faulfe & mauuaife, & fuit pluftoft
les vaines perfonnes, que les ver-
tueufes : Car le commun peuple
n'entend pas beaucoup d'excel-
lentes

lentes vertus: Les plus baffes vertus tirent leur louange de luy, les moyennes vertus, l'eftonnent & rauiffent en admiration, & les principales furmontent du tout fa capacité : mais, les fignes & *fpecies virtutibus fimiles*, font propres à leurs humeurs. Certainement renommee refemble vne riuiere, qui porte les chofes legeres & enflees, & noye les chofes pefantes & folides : Mais fi perfonnes de qualité & iugement concurrent; alors il en eft comme dit l'efcriture : *Nomen bonum inftar vnguenti fragrantis* : On le fent tout autour, & on l'abolit difficilement. Car les odeurs des oignemens font plus durables que celles des fleurs. Il y a tant de faulx points de louange, qu' on la peut iuftement tenir pour fufpecte : Quelques louanges procedent purement de flatterie : & fi ce'ft vn flatteur ordinaire, il aura certains communs attributs qui peuuent feruir à chacun : Si ce'ft vn fubtil flateur, il fuiura l'Archiflateur qui eft l'homme mefme :

mesme : Et ou vn homme a meilleure opinion de soy mesme, là mesme le flatteur le supportera le plus : Mais si cest vn flatteur impudent, regardez ou l'homme est plus consciencieux à soy mesme, & plus defectif, & desespere plus de sa louange, en cela le flatteur le magnifiera violemment iusqu' aux Cieux, *Spreta conscientia.* Quelques louanges procedent de bienveuillance & respects : ce qui est vne forme deue en ciuilité aux Roys & grands personnages, *Laudando præcipere :* quand en disans aux hommes ce qu'ils font, ils leur representent ce qu'ils deuroyent estre. Quelques vns sont loués malicieusement à leur dommage, à celle fin desmouuoir enuie & ialousie enuers eux : *Peßimum genus inimicorum Laudantium.* Certainement louange moderee auec opportunité & non point vulgaire, mais appropriee est celle qui accorde bien : *Salomon* dit : Celuy qui loue ses amis hautement en se leuant matin, cela luy

sera

seranon moins que malediction. Le
trop de gloire que l'on donne à
l'homme, ou à la matiere, suscite
contradiction, & procure enuie &
desdaing.

XXXVI.

DE IVDICATVRE.

IVges se doiuent resouuenir, que
leur office est, *ius dicere*, & non
pas, *ius dare* : d'interpreter les loix,
& non pas de faire les loix, ou de
donner les loix : Autrement il sera
semblable à la presomption de l'
eglise Romaine, qui soubs pretexte
d'exposition de l'escriture, vsurpe
& prattique vne authorité d'adiouter & changer, & de prononcer ce
qu'ils ne sçauroyent trouuer, &
soubs couleur d'Antiquité, introduire nouueauté. Iuges doiuent
estre plus doctes qu'ingenieux, plus
reuerens que plausibles, & plus ad-
uisés que confidents. Sur toutes
choses integrité est leur portion &

propre

propre vertu : Maudit est celuy (dit la loy) qui deplace les bornes des terres. Celuy qui change les limites est blasmable : Mais cest le iuge iniuste qui est le capital remueur des bornes : quand il iuge faussement des terres & de leurs proprietés. Vne sinistre sentence fait plus de dommage, que plusieurs mauuais exemples : Car ils ne font que corrompre le ruisseau : au lieu que l'autre corrompt la fontaine. Ainsi dit *Salomon. Fons turbatus & vena corrupta est iustus cadens in causa sua coram aduersario.* L'office des Iuges peut auoir rapport aux parties suppliantes ; aux Aduocats qui plaident, aux Clercs & officiers de iustice soubs eux, & au Souuerain ou à l'estat par dessus eux. Il y en a (dit l'escriture) qui tournent iugement en absynthe : Et certainement il y en aussi qui le tournent en vinaigre : Car iniustice le rend, amer, & delays le rendent aigre. Le principal deuoir d'vn iuge est de supprimer force & fraude : des-

quelles

quelles force est la plus pernicieuse
& la plus ouuerte : & fraude la plus
close & desguisee.   Adioutez a cela
supplications contentieuses , qui
doiuent estre euomies dehors
comme l'exces des Courts. Vn
iuge doit preparer son chemin à
vne iuste sentence , comme Dieu se
se sert de preparer son chemin en
surhauffant les vallees, & en ab-
baiffant les montagnes. Ainsi
quand apparoit de quelque costé
vne main haute, vne violente per-
secution , vne prise d'aduantages
subtils , combination , puiffance,
grand conseil, cest alors que reluit
la vertu d'vn iuge en rendant inega-
lité esgale : tellement qu'il puiffe
planter ses iugemens comme sur vne
terre plaine.   *Qui fortiter emungit
elicit sanguinem,* Et la ou la preffe du
vin est fort ferree , cela rend le vin
dur & luy donne le goust de grains.
Iuges doiuent se garder de con-
structions difficiles , & illations
trop forcees : Car il n'y a point de
torture pire , que la torture des
loix

loix : specialement en cas de loix
penales . Ils doiuent prendre soin,
que ce qui estoit entendu pour, ter-
reur ne soit tourné en rigueur, &
qu'ils n'apportent point sur le peuple, ce torrent duquel parle l'escriture : *pluet super eos laqueos* : Car
loix penales pressees, font vn torrent de laqs sur le peuple . En matiere de vie ou de mort iuges doiuent (autant que la loy le permet)
en iustice se resouuenir de mercy:&
ietrer vn oeil seuere sur l'exemple,
mais vn oeil misericordieux sur la
personne. Patience & grauité d'
attention est vne partie essentielle de
iustice,& vn iuge excessif en paroles,
est vne cymbale male accordee. Ce
n'est pas grace à vn Iuge au commencement, de trouuer ce qu'il
peut auoir oui en temps opportun
du Bareau , ou de monstrer vistesse
de conception en accourcissement
de conseil ou euidence trop courte,
ou bien de preuenir information
par questions encore que pertinen-
tes. Les parties d'vn iuge sont
                              quatre:

Diriger euidence ; moderer lon-
gueur repetition ou impertinence
de parler ; recapituler s'eslire &
conferer les points materiaux de
ce qui a esté dit, & bailler la reigle
de sentence. Tout ce qui est au
dessus de ces parties là est trop, &
procede ou de gloire & volonté
de parler, ou d'impatience d'ouir, ou
briefueté de memoire, ou bien
du deffault d'attention posee & es-
galle. C'est vne chose estrange de
voir que la hardiesse d'Aduocats,
doïue preualoir auec Iudges : la ou
ils deuroyent imiter Dieu, au
fiege duquel ils sont assis, qui
abbaisse les orguelleux & fait grace
aux humbles : Mais il est plus
estrange, que la coustume du
temps garentit les Iudges d'auoir
fauorits remarquables, qui ne peuuent que causer multiplication de
recompences & soupeçon de
chemins obliques. Il y a vn deuoir du iuge à l'aduocat en luy
donnant louange & grace, ou les
G

causes

caufes font bien maniees & genti-
ment plaidees : fpecialement enuers la partie qui n'obtient point:
Car cela fouftient au Client la reputation de fon confeil, & rab-
bat en luy l'opinion de fa caufe. Il
y a femblablement deuoir au
Public vne reprehenfion modefte
des aduocats, ou il y apparoit
fubtil confeil, groffe negligee, information fuperficielle, importunité indifcrette, ou vne trop au-
dacieufe defence. La place de
Iuftice eft vne place fanctifiee: Et
pour cela non feulement les bancs,
mais les degres, le circuit, & pour
prix doiuent eftre preferués ex-
empts de fcandale & corruption:
Car certainement (comme dit la
Sainte Efcriture) on ne fçauroit
cueillir raifins d'efpines & chardons, ni ne peut auffi la iuftice
rendre fes fruicts auec douceur parmi les efpines & chardons, des
Clercs & Officiers bribeurs & ra-
uiffeurs. Le feruice des courts eft

fuiect

fuiect à quatre mauuais inftrumens.
Les premiers font quelques perfonnes qui fement contentions, qui
engraiffent les Courts & amaigrif-
fent le pais. La feconde forte eft
de ceux qui engagent les Courts en
querelles de iuridiction & preeminence : & ceux la ne font pas vrayement *amici curiæ* mais *parafiti curiæ:*
en enflans les Courts outre fes limites pour leur propre gain & aduantage. La troifiefme forte eft de
ceux qui peuuent bien eftre eftimés
les mains gauches des Courts : perfonnes remplies de tours legers &
euafions finiftres, par lefquelles
ils peruertiffent le cours plain & di-
rect d'icelles , & ameinent la iuftice en lignes obliques & laby-
rinthes. La quatriefme eft de l'
exacteur & tondeur de gages, qui
iuftifie la commune refemblance
des Courts de iuftice au buiffon,
auquel cependant que les brebis fe
retirent pour defence contre les
tempeftes : elles font affeurees d'y

G 2   per-

perdre quelque partie de leur toi-
son. Et d'autre part vn Clerc an-
cien sçauant en exemples, aduisé
en proces, & bien entendu aux affaires de Court, est vn doigt excellent de Court, & souuent monstre le chemin au iuge mesme. Finalement les iuges se doiuent sur
tout resouuenir de la conclusion
des douze tables Romaines, (*Salus
populi suprema lex*) & cognoistre
que les loix, si elles ne sont dirigees
à cette fin, ne sont autres, que
choses captieuses & Oracles mal
inspirés. Et pour cela c'est vne
chose heureuse en vn Estat, quand
les Roys & les Estats consultent
souuentefois auec les iuges : & derechef quand les iuges aussi, consultent auec les Roys & les Estats:
l'vn : quand il y a matiere des loix
entreuenante en l'affaire d'Estat :
l'autre : quand il y a quelque consideration d'Estat entreuenante en
matiere des loyx : Car souuentefois
la chose reduitte en iugement, peut
estre

eſtre *meum & tuum*, quand la raiſon
& conſequence de cela peut tren-
cher en matiere d'eſtat ; Ie n'appelle point matiere d'Eſtat ſeulement les appartenances de Souueraineté : mais choſe quelconque
qui introduit vne grande alterati-
on, ou exemple dangereux, ou qui
concerne manifeſtement vne grande
portion de peuple. Et que perſonne ne croye legerement, que
les loix iuſtes & vraye police ayent
vne antipathie : Car ils reſemblent
aux eſprits & aux nerfs, d'ont l'vn
ſe meut dans l'autre. Et ne doiuent auſſi les iuges eſtre ſi igno-
rants, de leur propre droict, que
de penſer qu'il ne leur eſt point
laiſſé (comme vne principale partie de leur office) vn ſage vſage &
application des Loix : Car ils ſe peuuent bien ſouuenir de ce que dit
l'Apoſtre touchant vne plus grande
loy que la leur : *Nos ſcimus quia lex
bona eſt : modo quis ea vtatur legitime.*

G 3   XXXVII.

XXXVII.

DE VAINE GLOIRE.

C'Estoit vne fiction gentile d'Esope, que la mousche estant assise sur l'essieu de la roue d'un chariot, disoit: Voyez combien de poudre i'esleue, Ainsi en est il de quelques gens outrecuidés, qui voyans les affaires s'aduancer ou passer par autres moyens superieurs, s'estiment les autheurs d'ont cela procede. Ceux qui sont glorieux sont aussi asseurement factieux: Car toute brauerie se fonde principalement sur comparaison. Et faut qu'ils soyent necessairement violents, pour aduouer leurs vanteries : Et peuuent aussi estre secrets, & pour cela sont peu effectueux selon le prouerbe François : Beaucoup de bruit & peu de fruict. Toutefois certainement il y a quelque employ

de

de cette qualité aux affaires ciuiles. Ou il y a vne opinion ou renommee, d'estre esleué ou par vertu ou par grandeur, ces gens sont bons trompetteurs. Derechef comme Tite Liue remarque au cas d'Antiochus & des Ætoliens : Il y à quelque fois grands effects de menteries contradictoires : Comme si vn homme qui deuroit s'entreposer à negotier entre deux, deuoit pretendre separement plus d'interest en l'vn & en l'autre qu'il n'a point. Et en cela & en autres semblables, il aduient souuentefois qu'on produit quelque chose de rien : Car mensonges suffisent à engendrer opinion, opinion produit substance : Mais principalement es cas de grandes entrepises sur charge & aduenture: telle composition de natures glorieuses donne vie aux affaires : Et ceux qui sont de solide & sobre nature ont plus de l'estage que du voile. Certainement la vaine

gloire

gloire aide beaucoup à perpetuer la
memoire d'un homme ; & la vertu
n'a iamais esté tant obligee à la nature humaine, que de receuoir
son Deu en main seconde, Et n'eut
aussi la renomee de *Ciceron*, *Sene-*
que, *Plinius Secundus*, esté si agre-
able à leur aage : si elle n'eut esté
iointe auec quelque vanité en eux
mesmes ; semblable au vernis qui
rend la paroy non seulement lui-
sante, mais de longue duree. Mais
cependant quand ie parle de vaine
gloire, ie n'entend pas cette proprieté, *que Tacitus* attribue à *Mu-*
tianus, *Omnium quæ dixerat feceraté*
que arte quadam ostentator : Car
cela ne procede point d'vne vanité
mais de discretion, & magnani-
mite naturelle. Et en quelques
personnes cela n'est pas seulement
seant mais aussi gracieux : car ex-
cusations, cessions de places, mo-
destie mesme bien gouuernee, ne
sont rien qu'arts d'ostentation : Et
entre ces arts il n'y en à point de
meil-

meilleur , que celuy d'ont *Pline* Second fait mention, qui eſt; d' eſtre liberal de louange & commendation enuers les autres, en ce en quoy nous meſmes auons part : Car comme dit *Pline* fort ingenieuſement. En louant vn autre vous faites droiĉt à vous meſmes : Car celuy que vous priſez , eſt ou voſtre ſuperieur en ce que vous priſez , ou inferieur : S'il eſt inferieur & merite d' eſtre loué , vous le meritez beaucoup plus : S'il eſt ſuperieur & n'eſt pas loüé , vous le meritez beaucoup moins.

XXXVIII.

DE LA GRANDEVR DES ROYAVMES.

LE dire de Themistocles qui e-
stoit arrogant en chalange, est
profitable en censure: Estant iceluy
prié en vn banquet de iouer du luth,
il dit qu'il ne pouuoit pinceter: mais
que d'vn petit bourg il en pouuoit
bien faire vne grande ville. Cette
parole en vn temps de plaisance &
non serieux estoit inciuile, & en
nul temps ne pouuoit estre bien
seante à vn homme: mais elle peut
auoir vne iolie application: Car
pour parler vrayement des Politiques & personnes d'Estat, ils sont
quelquefois encor que rarement,
ceux qui d'vn petit estat en peuuent
faire vn grand, & ne sçauroyent
pinceter: Et y en a beaucoup qui
peuuent pinceter fort subtilement:
Et toutefois la procedure de leur

Art,

Art, eft de faire vn floriffant Eftat ruineux & miferable : Car certainement ces arts degeneres, par lefquels diuers Politiques & gouuerneurs gaignent fatisfaction auec leurs Maiftres, & admiration auec le vulgaire, ne meritent point de meilleur nom, que pincerants, s'ils n'adiouftent rien à la feureté force & eftendue des Eftats qu'ils gouuernent. La grandeur d'un Eftat en l'entier ou territoire, fe peut cognoiftre par la mefure : Et la grandeur des finances & reuenus fe demonftre par le calcul. La populace peut apparoiftre par la reueüe, & le nombre des cités & villes par les cartes & defcriptions: mais toutefois il n'y a rien parmi les affaires ciuils plus fuiect à erreur, que la droitte eualuation, & le vray iugement touchant la grandeur d'vn eftat. Certainement il y a vne efpece de refemblanc entre le Royaume celefte, & les royaumes terreftres. Le royaume des cieux eft

est comparé non point à quelque
gros noyau ou noix : mais à vn
grain de mouſtarde, qui eſt vne
des plus petites graines ; mais qui
a en ſoy vne proprieté & eſprit de
s'eſleuer & s'eſtendre haſtiuement:
Ainſi y a il des Eſtats qui ſont
grands en territoire : & toutefois
ne ſont nullement propres à con-
querir ou s'eſlargir : Et d'autres qui
n'ont qu'une petite dimenſion ou
tronc, & toutefois ſont propres à
eſtre la fondation de grandes Monarchies. Villes murees, arcenaux
fournis, armoiries, belles eſtables,
elephans, & (ſi vous voulez) vne
maſſe de threſors, nombre d'armees
ordonnance & artillerie, tout cela
n'eſt rien qu'vne brebis dans la peau
d'vn lion : ſi ce n'eſt que la generation & diſpoſition du peuple ſoit
militaire ? L'aide eſt ſecours de mercenaire : mais vn Prince ou vn E-
ſtat qui ſe repoſe ſur compagnies d'
armes foraines entretenues & ga-
gees & non point ſur ſes natiues,
peut

peut estendre ses plumes pour vn
temps : mais il les muera tost apres.
La benediction de *Iuda* & d'*Issa-
char* ne rencontreront iamais, pour
estre ensemble les ieunes lionceaux
& l'asne gisant entre les fardeaux,
ni ne sera aussi vn peuple surchargé
de tributs iamais propre pour Empire. Noblesse & Gentilhommes
multiplians en trop grande propor-
tiõ, font les suiects communs deuenir paysants, & abiects rustiques,
sans coeur ni courage, & laboureurs
des Gentilhommes de mesme qu'il
en est es petis bois, ou si uous laissez
vos arbres estendars trop espez,
vous n'aurez iamais vn beau taillis;
mais ronces & buissons: Ainsi vous
defaites vous du menu peuple, vous
vous priuez de l'infanterie, qui est
le nerf d'vne armee, & vous reduisez
cela à ceci, que la centiesme partie ne
sera point capable de porter le cas-
que : & ainsi grande populace, &
peu de force. Certainement *Vir-
gile* ioint bien ensemble les armes,

&

& le coultre du laboureur, en la
constitution de l'ancienne Italie ----
Terra potens armis atque vbere glebæ.
Car c'est le coultre qui fait le meilleur soldat ; mais comment ? maintenu en abondance, & en la main
des gagneurs, & non des purs laboureurs. Les arts sedentaires &
domestiques, & curieuses manu-
factures qui requierent plustost le
doigt, que la main ou le bras, ont en
leur nature vne contrarieté à vne
disposition militaire : Et generalement tout peuple aguerri, est vn
peu oyseux & aime mieux le danger
que la peine, & ne doit aussi estre
trop rompu d'icelle, si vous le voulez
preseruer en vigueur. Personne ne
peut conseruer sa santé sans exercice, ni aussi vn corps naturel ni politique : Et au corps politique d'vn
Royaume ou Estat, vne guere ciuile
est comme la chaleur d'vne fiebure :
mais vne honnorable guere foraine,
est semblable à la chaleur de l'exercice. Au moins descouuertes, naui-
gations,

gatiõs, honnorables secours des autres Nations, peuuẽt garder la santé
de l'estat. Car en vne paix oyseuse &
lãguissante, ensẽble les courages de-
uiendront effeminés, & les moeurs
corrompus. Les Estats liberaux de
naturalizatio sont capables de grãn-
deur; Et les Estats ialoux qui se re-
posent sur la premiere tribu & race,
manqueront bien tost du corps,
pour porter les bras & branches.
Les ingredients sont plusieurs pour
la recepte de grandeur. Personne
par anxieté ne peut adiouter vne
coudee à sa stature, au petit modelle
du corps humain : mais certainement en la grande fabrique des
Royaumes & Republiques il est au
pouuoir des Princes ou Estats, par
ordonnances , constitutions , &
moeurs qu'ils peuuent introduire
de femer grandeur à leur posterité
& succession : mais ces choses sont
ordinairement laissees à la fortune.

XXXIX.

XXXIX.

D'HONNEVR ET REPVTATION.

ACquerir honneur n'eſt autre choſe qu'une certaine maniſeſtation de la vertu d'un homme & de ſa propre valeur ſans deſauantage. Et neantmois aucuns en leurs actions auec beaucoup d'affectation cerchent honneur & reputation; deſquelles ſortes de gens on parle beaucoup, mais ils ſont pourtant interieurement peu admirés. Il y en a d'autres auſſi qui obſcurciſſent leur vertu en la publiant, d'où vient qu'ils en ſont moins eſtimés. Si aucun mene choſe à bonne fin laquelle n'ait point auparauant eſté enterpriſe, ou a eſté quelque fois entrepriſe, puis apres abandonee ou acheuee en mauuaiſe façon par moyens illigetimes; vn tel gagnera plus

d'Hon-

d'honneur en rendant cela parfait,
qu'il ne feroit pas en effectuant vne
chofe de plus grande confequence
ou vertu, en laquelle il eut feulement fuiui le train d'un autre.
Et fi vn homme peut en telle ma-
niere temperer fes actions qu'en
aucune d'icelles il donne contentement à chacune partie, ou à la
combination du peuple, la Mu-
fique en fera dautant plus plaine
d'harmonie. Celuy gouuerne in
difcretement fon propre Honneur
qui s'attache à vne entreprife la
cheute de laquelle luy apportera
plus de difgrace, que de reputation s'il l'eut eonduit à bonne fin.
La difcrete pourfuite des affaires
auance beaucoup la reputation. Enuie qui eft vn ver qui ronge l'Honneur eft alors mieux deftruite,
quand l'homme donne à entendre
au monde qu'il cerche pour fon but,
pluftoft le merite que la louange &
renomee, & attribue le fucces de
des deffeins à la prouidence diuine,

&

& à la bonne fortune, plus qu'a
sa propre vertu & dexterité. Les
degres asseurés d'Honneur souuerain sont ceux-cy : En premier lieu
viennent *Conditores*, C'est á dire
les fondateurs des Estats. Secondement *Legislatores*, qui sont aussi
nommés fondateurs seconds ou *Per-*
petui Principes, pource qu'apres leur
trespas on gouuerne par la vertu
de leur loix. Tiercement *Liberato-*
res, qui appaisent & finissent la
longue misere d'vne guerre ciuile,
ou rendent leur patrie libre du
ioug des Estrangers & Tyrans.

En quatriesme lieu succedent
Propagatores, *aut Propugnatores im-*
perÿ, de la quelle sont ceux qui
en vne honnorable guerre eslargis-
sent leur territoire, ou executent
quelque exploit insigne, ou nota-
ble defaite contre les assaillans. Finalement viennent ceux qu'on appelle, *Patres Patriæ*, qui regnent
iustement & ameliorent le temps
auquel ils viuent. Les degres d'honneur

neur entre les fuiects font premierement *Participes curarum*, fur lefquels les princes mettent la plus
grande charge & foin de leur ne-
goces, & font (comme nous les
appellons) leurs mains droites. Secondement *Duces belli*; Grands
Capitaines & Lieutenans des Princes, & ceux qui font des ferui-
ces notables en la guerre. Tiercement *Gratiofi*, fauorits, tels qui
n'excedent cefte proportion, de
donner confolation à leur Prince
fouuerain, fans faire dommage au
peuple. Finalement *Negotijs pares*,
qui tiennent grandes places deffous
leurs Princes & en leurs offices executent leur deuoir auec fuffifance
& integrité.

L'FIN.

INVRE 1856.

Nº 1046.